ACCESO GRATIS *a la Lectura en la Nube*

Para visualizar el libro electrónico en la nube de lectura envíe junto a su nombre y apellidos una fotografía del código de barras situado en la contraportada del libro y otra del ticket de compra a la dirección:

ebooktirant@tirant.com

En un máximo de 72 horas laborables le enviaremos el código de acceso con sus instrucciones.

La visualización del libro en **NUBE DE LECTURA** excluye los usos bibliotecarios y públicos que puedan poner el archivo electrónico a disposición de una comunidad de lectores. Se permite tan solo un uso individual y privado.

LA INTERCEPTACIÓN DE LAS COMUNICACIONES ORDINARIAS EN EL CENTRO PENITENCIARIO

Un estudio de campo sobre la eficacia de las garantías en el ámbito del Juzgado Central de Vigilancia Penitenciaria

LA INTERCEPTACIÓN DE LAS COMUNICACIONES ORDINARIAS EN EL CENTRO PENITENCIARIO

Un estudio de campo sobre la eficacia de las garantías en el ámbito del Juzgado Central de Vigilancia Penitenciaria

Amaya Arnáiz Serrano
Titular de Universidad. Derecho Procesal
(https://orcid.org/0000-0001-7125-9667)

Aurea Grané Chávez
Catedrática de Universidad. Estadística
(https://orcid.org/0000-0003-0980-6409)

tirant lo blanch
Valencia, 2024

EDITA: TIRANT LO BLANCH
C/ Artes Gráficas, 14 - 46010 - Valencia
TELFS.: 96/361 00 48 - 50
FAX: 96/369 41 51
Email: tlb@tirant.com
www.tirant.com
Librería virtual: www.tirant.es
DEPÓSITO LEGAL: V-3478-2024
ISBN: 978-84-1336-767-5
MAQUETA: Tink Factoría de Color

Si tiene alguna queja o sugerencia, envíenos un mail a: *atencioncliente@tirant.com*. En caso de no ser atendida su sugerencia, por favor, lea en *www.tirant.net/index.php/empresa/politicas-de-empresa* nuestro procedimiento de quejas.

Responsabilidad Social Corporativa: http://www.tirant.net/Docs/RSCTirant.pdf

Índice

Abreviaturas

AATS	Autos del Tribunal Supremo
AAVV	Autores varios
AN	Audiencia Nacional
Apdo.	Apartado
Aprox.	Aproximadamente
Art./s	Artículo/s
BOE	Boletín Oficial del Estado
BOCG	Boletín Oficial de las Cortes Generales
c.	Contra
CEDH	Convenio Europeo para la protección de Derechos Hu- manos y de las Libertades Fundamentales
CCAA	Comunidades Autónomas
CCPP	Centros Penitenciarios
CE	Constitución Española
Cfr.	Confróntese
Coord.	Coordinado
DA	Disposición Adicional
DDFF	Derechos fundamentales
DT	Disposición Transitoria
FIES	Fichero de Internos de Especial Seguimiento JCI Juzgado Central de Instrucción
JCP	Juzgado Central de lo Penal
JCVP	Juez Central de Vigilancia Penitenciaria JVP Juez de Vigilancia Penitenciaria LECrim Ley de Enjuiciamiento Criminal
LO	Ley Orgánica
LOGP	Ley Orgánica General Penitenciaria LOPJ Ley Orgánica del Poder Judicial
LPAC	Ley del Procedimiento Administrativo Común de las Administraciones Públicas

NIG	Número de identificación general
Núm.	Número
Pág./s	Página/s
RP	Reglamento Penitenciario
SGIP	Secretaria General de Instituciones Penitenciarias
ss.	Siguientes
SSTC	Sentencias del Tribunal Constitucional STC Sentencia del Tribunal Constitucional
TC	Tribunal Constitucional
STS	Sentencia del Tribunal Supremo
STSS	Sentencias del Tribunal Supremo
TEDH	Tribunal Europeo de Derechos Humanos TS Tribunal Supremo
Vid.	Véase
Vol.	Volumen

Prólogo

Los sistemas democráticos se caracterizan por la existencia de una serie de derechos básicos, los llamados "derechos fundamentales" de los que han de gozar todas las personas, con las modalidades que establezca la Constitución. De modo que, una manera de comprobar la realidad de la democracia es analizar las situaciones extremas en que el reconocimiento de esos derechos ofrece dificultades de orden sentimental y emocional.

Ese reconocimiento puede analizarse en dos niveles: el nivel normativo (el de la formulación) y el nivel real (el de la eficacia de las normas). En la dogmática jurídico-constitucional suele tratarse, fundamentalmente, del primero. Se estudian de las normas aplicables a cada conflicto y las declaraciones jurisprudenciales sobre esas normas; pero son muy pocos los trabajos en los que se analiza la eficacia real de las garantías constitucionales. Sin embargo, ese segundo tipo de análisis es de vital importancia porque determina la vigencia real de los principios democráticos en cada problema. Creo necesarias estas precisiones para calibrar el acierto e importancia del presente trabajo. Es un acierto indudable la elección del tema porque aunque prácticamente todos estamos de acuerdo en que los derechos fundamentales de una Democracia deben llegar a todas las personas y, por lo tanto, no pueden detenerse a la puerta de la cárcel, hay un sentimiento generalizado, que a menudo incluso se explicita, para el cual los que han cometido delitos muy graves han de "pudrirse en la cárcel": sus derechos no preocupan, ni poco ni mucho, a una gran parte de la población. Y como aquí ponen de manifiesto las autoras de este trabajo, ese sentimiento social repercute incluso sobre el tratamiento jurídico de los asuntos relativos a los presos.

Destacaré algún aspecto del análisis que aquí se ofrece. Quiero citar, en primer lugar, el problema relativo a la calidad de las normas que establecen las garantías. Esa calidad es tan deficiente que como destacó CRUZ VILLALÓN en el apartado primero de su Voto Particular a la STC 49/1999. Es tan deficiente que, por si misma, constituye una vulneración del derecho a la comunicación de los presos, como había ya reconocido el TEDH en el caso Valenzuela contra

España (núms. 52 y 53). El tiempo transcurrido desde entonces sin que se haya puesto remedio a ese defecto básico basta para mostrar que la falta de interés social en el tema se ha transformado en desidia jurídica.

Una segunda manifestación de esa actitud de menosprecio de los derechos fundamentales de los presos que debe destacarse es la relativa a la ausencia de función efectiva de garantía de la comunicación al Juez de Vigilancia Penitenciaria de la resolución de interceptación de las comunicaciones. En cuanto a la ratificación de los acuerdos administrativos de interceptación por el Juzgado (central) de Vigilancia Penitenciaria resulta escandaloso destacar que fueron ratificados al cien por cien de dichos acuerdos incluso aquellos en los que faltaba toda motivación, pese a que dicha motivación es indispensable para que pueda hablarse da garantía judicial. Esa garantía no existe si el Juez se limita a ratificar un acuerdo no motivado.

Creo que basta lo dicho para poner de manifiesto que, en el área que se examina, hay un déficit real de las garantías necesarias para la vigencia efectiva de los derechos fundamentales de los presos. Conclusión que se refuerza, extraordinariamente, con la lectura de este trabajo que resulta, por ello, muy necesario y recomendable; pero quisiera continuar añadiendo que el punto de vista de la realidad ha de proyectarse sobre el conjunto de los derechos fundamentales que conciernen a todos los ciudadanos y que, en algunos aspectos, ese examen podría dar un resultado casi tan asombroso y decepcionante como el que aquí ponen de manifiesto las autoras. Piénsese v.g. en el caso de la presunción de inocencia que exige que toda condena penal deba basarse en la exclusión de cualquier duda razonable acerca de los hechos que se declaran probados. En mi opinión esa precisión de que están más allá de toda duda razonable debería comprobarse y afirmarse en la Sentencia condenatoria en la que, a lo sumo, se cree suficiente decir que las pruebas practicadas se han examinado en conciencia. Pero, en apelación o casación la exclusión del test que determina el respeto a la presunción de inocencia queda, en muchas ocasiones, excluida por la afirmación de que el control se limita a la apreciación de si ha habido alguna prueba de la que, racionalmente, quepa inferir la realidad de los hechos que se afirman en la Sentencia. Ese control, que es el que el TC aplica, porque le sería imposible aplicar otro más profundo a la totalidad de los casos que le son encomendados, no es el que corresponde a la jurisdicción ordinaria que no puede, bajo ningún concepto, dejar de aplicar el control constitucional de que los hechos estén "más allá de toda duda razonable". De modo que, para que una condena penal sea legítima no basta ni que pueda inferirse racionalmente de alguna prueba ni que lo que se declara probado sea lo que el Juez estime en conciencia que ha sucedido: la presunción de inocencia exige un momento objetivo que va más allá de esos requisitos y que, desgraciadamente, falta muy a menudo. Así, una garantía básica del sistema democrático está ausente y ello debería constituir una profunda preocupación y levantar muchas voces críticas. Lo que por desgracia no sucede al ser tan escasos enfoques como el que aquí se lleva a cabo.

Creo que bastan esas observaciones para poner de manifiesto la importancia efectiva de cuanto aquí se dice y la validez indudable del enfoque adoptado por las autoras de esta obra Amaya Arnáiz Serrano y Aurea Grané Chávez.

D. Tomás S. Vives Antón
Catedrático emérito de Derecho penal de la Universidad de Valencia
Vicepresidente emérito del Tribunal Constitucional

Introducción[*]

La interceptación de las comunicaciones como diligencia de inves- tigación ha recibido una gran atención por parte de la doctrina y la jurisprudencia. Una atención que respondía a la insuficiente y confusa regulación de la institución en la LECrim y a su incidencia sobre el derecho fundamental al secreto de las comunicaciones. Esta preocu- pación no se ha extendido, sin embargo, al ámbito penitenciario en el que la intervención de las comunicaciones presenta sin duda numero- sas singularidades: i) por la especial situación en que se encuentra el sujeto afectado y ii) por el poder casi omnímodo de la Administración penitenciaria.

En el ámbito penitenciario la legislación no es mucho mejor que la contenida durante años en la LECrim. Tampoco parece que el derecho al secreto de las comunicaciones mude su naturaleza fundamental en el seno de una prisión. Lo que sí cambia en esta ecuación es el titular del derecho, en este caso, la persona privada de libertad. Quizá, pese a lo que el TEDH aseveraba en su conocida Sentencia *Campbell et Fell c. Reino Unido*, de 28 de junio de 1984, la Justicia (y la investigación científica) sí que se detienen a las puertas de las prisio-

[*] Para el desarrollo de este trabajo de investigación y en particular para el estudio de campo ha sido crucial la colaboración prestada por el Consejo General del Poder Judicial, sin la cual el acceso a la recogida de datos habría sido impensable. Esta cooperación se enmarca en el Convenio Marco de colaboración entre el Consejo General del Poder Judicial y la Universidad Carlos III de Madrid, de 19 de julio de 2016. Queremos además mostrar nuestro especial agradecimiento, por su dedicación, apoyo y profesionalidad a quienes sirven y administran justicia en el Juzgado Central de Vigilancia Penitenciaria. La recogida de estos datos fue posible además gracias al magnífico trabajo desarrollado por nuestras alumnas Ana Catalina Fernández Andrés; Azahara Mayoral Alegre; Ana Nogueiras Pérez-Santamarina; Alba María Santiago Benítez e Isabel Sanz De Burgos. A todas ellas nuestro agradecimiento no sólo por la labor realizada sino también por la gran sensibilidad que mostraron hacia la realidad penitenciaria. A todos y a todas, gracias por la ayuda prestada y por haber hecho posible esta investigación que esperamos arroje luz para futuras reformas.

nes o tal vez —y aún más preocupante—, simplemente se asoman y miran hacia otro lado. Lo cierto es que, si echamos mano de ese decir atribuido al escritor ruso del siglo XIX, Fiódor Dostoievski, sobre que "el grado de civilización de una sociedad se mide por el trato a sus presos", nuestro grado de civilización aún precisa de mejoras.

Con este trabajo y con el estudio de campo que lo respalda pretendemos contribuir al debate y reflexión sobre la institución jurídica. Pese a que no nos cabe duda que sobre el secreto de las comunicaciones y su interceptación se han escrito muchas y mejores cosas de las que podrán encontrar en estas páginas, esperamos que al menos podamos ofrecer una mirada crítica y constructiva sobre las garantías y principios de nuestro sistema penitenciario.

Sirva el presente estudio para asomarnos a ese ámbito de la socie- dad, el establecimiento penitenciario, que pese a no despertar especia- les simpatías requiere al menos de alguna nueva atención por parte de nuestros legisladores.

1. La interceptación de las comunicaciones en el ámbito penitenciario

1.1. EL DERECHO AL SECRETO DE LAS COMUNICACIONES

El derecho al secreto de comunicaciones se encuentra recogido el art. 18.3 de la Constitución, en el que se dispone que "se garantiza el secreto de las comunicaciones y, en especial, de las postales, telegráficas y telefónicas, salvo resolución judicial". Este precepto constitucional contempla en sus apartados anteriores: el derecho al honor, a la intimidad personal y familiar y a la propia imagen (apdo. 1); el derecho a la inviolabilidad del domicilio (apdo. 2) y la protección de los datos personales (apdo. 4). Todos ellos, conforman en una acepción amplia la protección de la intimidad tanto en su vertiente personal como familiar. No obstante, el derecho al secreto de las comunicaciones es considerado como un derecho autónomo[1]. Así aparece también recogido en las Constituciones de los países de nuestro entorno[2].

---

1 Ya era reconocido como tal derecho fundamental en 1790 por la Asamblea Nacional francesa que proclamaba que *le secret des lettres est inviolable.* Desde una perspectiva internacional también encuentra reconocimiento en el art. 12 de la Declaración Universal de Derechos Humanos (1948), en el art. 17 del Pacto Internacional de Derechos Civiles y Políticos (1966) y en el art. 8 del Convenio Europeo de Derechos Humanos y de las Libertades Fundamentales (1950). En el ámbito europeo, el art. 7 de la Carta de Derechos Fundamentales, también puede leerse que: "Toda persona tiene derecho al respeto de su vida privada y familiar, de su domicilio y de sus comunicaciones". Estas disposiciones debieran servir como parámetros de interpretación del derecho al secreto de las comunicaciones (art. 10.2 CE).

2 V.gr. el art. 15 de la Constitución Italiana de 1947, el art. 10 de la Ley Fundamental de Bonn 1949; el art. 34.1 y 4 de la Constitución Portuguesa de 1976; y la IV enmienda de la Constitución de Estados Unidos. Textos constitucionales que, como señala MORENO CATENA, V., fueron tenidos en

La entidad del secreto de las comunicaciones —como derecho autónomo y también como garantía de uno de los aspectos esenciales de la vida privada—, ha sido puesta de relieve profusamente por la doctrina[3] y por la jurisprudencia[4]. En palabras de CONDE-PUMPIDO, como ponente de la STS 301/2013, de 18 de abril: "El derecho al secreto de las comunicaciones puede considerarse una plasmación singular de la dignidad de la persona y del libre desarrollo de su personalidad, que constituyen el fundamento del orden político y de la paz social (STC núm. 281/2006, de 9 de octubre y STS núm. 766/2008, de 27 de noviembre), por lo que trasciende de mera garantía de la libertad individual, para constituirse en medio necesario para ejercer otros derechos fundamentales"[5].

---

cuenta en la redacción de la norma contenida en el art. 18.3 CE. Vid. "Medidas limitativas del derecho al secreto de las comunicaciones personales", en *El proceso penal. Doctrina, jurisprudencia y formularios* (Moreno Catena, Dir.), vol. II, Instrucción y medidas cautelares, Valencia, 2000, pág. 1364.

3 Vid, entre otros muchos CASANOVA MARTÍ, R. «La garantía constitucional del secreto de las comunicaciones en el proceso penal», *en Principios y garantías procesales. Liber Amicorum en homenaje a la profesora Mª Victoria Berzosa Francos,* (Dir. Joan Picó i Junoy), Barcelona, 2013, págs. 543-556; ELVIRA PERALES, A., *Derecho al secreto de las comunicaciones,* Madrid 2007, pág. 17; DE URBANO CASTILLO Y MIGUEL, E. *El Derecho al secreto de las comunicaciones,* Madrid, 2011, pág. 23.

4 Entre la jurisprudencia se enfatiza el carácter autónomo y esencial del derecho al secreto de las comunicaciones, entre otras muchas en las SSTS 855/2013, de 11 de noviembre; 719/2013 de 9 de octubre; 248/2012, de 12 abril y 644/2012, de 18 julio.

5 Esta consideración es lo que, a su vez, ha permitido al TEDH exigir que las interceptaciones de las comunicaciones —en tanto que constituyen un grave ataque a la vida privada y al derecho al secreto de las comunicaciones—, deban siempre fundarse en una Ley de singular precisión, clara y detallada. Habrán de someterse a la jurisdicción y perseguir un fin legítimo y suficiente. Además, deberán ser realmente necesarias para alcanzar el fin perseguido, dentro de los métodos propios de una sociedad democrática. Por último, habrá de posibilitarse al propio interesado el control de su licitud y regularidad, siquiera fuere «ex post» a la práctica de la interceptación. Sobre todos estos extremos se pronuncian las SSTEDH de 6 de septiembre de 1978, *Caso Klass*; de 25 de marzo de 1983, *Caso Silver*; de 2 de agosto de 1984, *Caso Malone*; de 12 de julio de 1988, *Caso Schenk*; de 24 de marzo de 1988, *Caso Olsso*; de 20 de junio de 1988, *Caso Schönenberger-Dumaz*; de 21 de junio de 1988, *Caso Bernahab*; dos de 24 de abril de 1990, Caso Huvig y Caso

Se trata además de un derecho fundamental pues se ubica en la Sección 1ª del Capítulo II del Título Primero de la Carta Magna. Lo que significa que goza de amplias garantías normativas y jurisdiccionales conforme a lo previsto en el art. 53 de la CE. De ahí que en la Circular 1/2013 de la FGE, pueda leerse que "la Constitución Española confía en exclusiva al Poder Judicial el monopolio de la potestad de autorizar intervenciones telefónicas. Ello supone un plus garantizador que va más allá de las exigencias del CEDH. Solo la autoridad judicial competente puede autorizar el sacrificio del derecho al secreto de las comunicaciones". Precisamente su configuración como derecho fundamental le confiere una especial protección por su mayor valor, por tratarse precisamente de componentes estructurales básicos del ordenamiento jurídico y por sus notas de permanencia e imprescriptibilidad[6].

La especial protección y cautelas que son adoptadas entorno al derecho al secreto de las comunicaciones, han llevado a la Fiscalía General del Estado a afirmar que "el derecho al secreto de las comunicaciones es un derecho hiperprotegido, si se compara, por ejemplo, con el derecho a la intimidad respecto del que no existe en la Constitución reserva absoluta de previa resolución judicial, por lo que en determinados casos se admite que la Policía Judicial lleve a cabo diligencias que supongan una injerencia leve en tal derecho (vid. *ad exemplum* STC núm. 70/2002, de 3 de abril)"[7].

En todo caso, su naturaleza constitucional no lo hace incondicional. Pues constituye, igualmente, doctrina reiterada del TC, que el derecho al secreto de las comunicaciones no es absoluto, como no lo es ninguno de los derechos fundamentales, pudiendo ceder ante intereses constitucionalmente relevantes siempre que la afectación de éste resulte necesaria para lograr un fin constitucionalmente le-

---

Kruslin; de 25 de marzo de 1998, *Caso Haldford* y *Caso Klopp* y de 30 de julio de 1998, *Caso Valenzuela*, etc.).

6 Vid en este sentido la STC núm. 66/1985, de 23 de mayo y la STC núm. 7/1983, de 14 de febrero.

7 Circular de la FGE 1/2013, sobre pautas en relación con la diligencia de intervención de las comunicaciones telefónicas, pág. 76. Más recientemente, cfr. la Circular de la FGE 2/2019, sobre interceptación de comunicaciones telefónicas y telemáticas.

gítimo, proporcionado para alcanzarlo y, en todo caso, siempre que la afectación sea respetuosa con el contenido esencial del derecho[8].

La doctrina constitucional ha sido también quién ha consolidado los requisitos que deben concurrir para proporcionar una justificación objetiva y razonable a la injerencia en el derecho al secreto de las comunicaciones. Se precisa, en primer término, la existencia de un fin constitucionalmente legítimo. Además, hace falta que la medida limitativa del derecho se encuentre prevista en la ley (principio de legalidad) y su adopción habrá de ser acordada mediante resolución judicial. Y, finalmente, la estricta observancia del principio de proporcionalidad se concretará en tres requisitos o condiciones: la idoneidad de la medida, su necesidad y proporcionalidad en sentido estricto[9].

1.2. EL SUJETO PRIVADO DE LIBERTAD COMO TITULAR DE DERECHOS

La Constitución española no permite albergar dudas respecto al alcance que quiere conferir a la titularidad de los Derechos y Libertades reconocidos en su Capítulo II del Título I, pues para establecerla emplea expresiones tales como: "todos"; "toda persona"; "todas las personas"; "los ciudadanos": "los españoles"; "todos los españoles" o "la sociedad española". De este modo se evidencia que los derechos y las libertades obedecen al reconocimiento de la dignidad de la persona, siendo la titularidad de los mismos inherente a la naturaleza humana, tal y como se reconoce expresamente en el art. 10 de la propia Carta Magna.

Luego no cabe duda que las personas privadas de libertad, sea por condena firme o provisionalmente, son titulares de derechos como cualquier otra persona, pues su ingreso en prisión no conlleva en

---

8 En este sentido, pueden consultarse entre otras muchas las SSTC núms. 57/1994; 143/1994; 98/2000; 186/2000 y 156/2001.

9 Cfr. la STC núm. 207/1996, de 16 de diciembre.

modo alguno la pérdida de su dignidad[10]. Pese a todo, el constituyente —probablemente en atención a la situación de abandono que había padecido la población penitenciaria—, consideró necesario hacer explícito el reconocimiento de derechos de las personas que han sido condenadas[11]. De ahí que en el art. 25.2 de la CE, tras afirmarse que las penas deben ser orientadas hacia la reeducación y reinserción social, pueda leerse que «el condenado a pena de prisión que estuviere cumpliendo la misma gozará de los derechos fundamentales de este Capítulo, a excepción de los que se vean expresamente limitados por el contenido del fallo condenatorio, el sentido de la pena y la ley penitenciaria»[12].

---

10 Así, en la STC núm. 128/2013, puede leerse que: "El segundo inciso del art. 25.2 CE («El condenado a pena de prisión que estuviere cumpliendo la misma gozará de los derechos fundamentales de este Capítulo, a excepción de los que se vean expresamente limitados por el contenido del fallo condenatorio, el sentido de la pena y la ley penitenciaria»), incorpora una cláusula de garantía que permite preservar, en el ámbito de la relación de sujeción especial que vincula al privado de libertad con la Administración penitenciaria a cuyo sometimiento se halla, el ejercicio de los derechos fundamentales que se reconocen a todas las personas en el Capítulo Segundo del Título I CE; bien que aquí «con las modulaciones y matices» recogidas en dicho precepto constitucional… es decir, de aquellos [derechos fundamentales] que se vean expresamente limitados por el contenido del fallo condenatorio, el sentido de la pena y la Ley penitenciaria [STC 11/2006, de 16 de enero, FJ 2 y las que en ella se citan; asimismo, SSTC 175/2000, de 26 de junio, FJ 2; 27/2001, de 29 de enero, FJ 3 y 140/2002, de 3 de junio, FJ 5]".

11 De hecho, RIVERA BEIRAS, I. ("La «devaluación» de los derechos fundamentales de los reclusos", en *Tratamiento penitenciario y derechos fundamentales,* Barcelona, 1994, pág. 72), advertía de la devaluación de los derechos de los internos que podía ser apreciada tanto en el momento de creación de las normas penitenciarias como en el de su interpretación y aplicación jurisdiccional, lo que le lleva a aseverar que se trata de "ciudadanos de segunda categoría". En sentido parecido ASTROZA SUÁREZ, P. y RUDNICK VIZCARRA, C. ("Protección internacional de los derechos de los reclusos", en *Teoría y práctica de los derechos fundamentales de las prisiones,* Buenos Aires, 2010, pág. 4) recuerda que, aunque ciudadanos, nos encontramos ante un "grupo humano especialmente vulnerable a los abusos de poder y a las violaciones de derechos humanos".

12 La innecesaridad de este precepto ha sido puesta de relieve por muchos autores, que hacían hincapié en el hecho de que la entrada en prisión de un

Si bien el precepto hace expresa mención a la titularidad de derechos de la persona condenada a pena de prisión, no parece que pueda albergarse duda alguna sobre el hecho de que la persona privada de libertad en cumplimiento de una medida cautelar es igualmente titular de derechos[13]. Entender que la literalidad del precepto permite excluir de otros derechos a las personas privadas preventivamente del derecho a la libertad resultaría no sólo paradójico, sino contrario a esa idea comúnmente extendida según la cual el art. 25.2 de la CE era innecesario. El constituyente podría haber guardado silencio al respecto, pues la titularidad de los derechos fundamentales se reconoce a todas las personas en tanto que es inherente a la dignidad del ser humano[14].

---

individuo por la comisión de un delito no conlleva en modo alguno la pérdida de su dignidad y consiguientemente de la titularidad de sus derechos. En este sentido, cfr. ALZAGA VILLAAMIL, O., *Comentario sistemático a la Constitución española de 1978,* Madrid, 2017, pág. 245; COBO DEL ROSAL, M. Y BOIX REIG, J. "Derechos fundamentales del condenado. Reeducación y Reinserción social", en *Comentarios a la legislación penal,* T. I, Madrid, 1982, pág. 217 y LÓPEZ YAGÜES, V., *La inviolabilidad de las comunicaciones con el abogado defensor como garantía del derecho de defensa,* Tesis doctoral, Universitat d'Alacant, 2001, http://rua.ua.es/dspace/handle/10045/4162, págs. 523-528.

Pese a ello, compartimos la opinión de Carmen LAMARCA PÉREZ ("Régimen penitenciario y Derechos fundamentales", *Estudios penales y criminológicos,* núm. 16, 1992-1993, pág. 220) cuando afirmaba que pese a no ser ciertamente imprescindible el art. 25.2 de la CE "parece acertado que el propio texto constitucional haga mención expresa de este reconocimiento de derechos y, en especial, que fije los criterios de limitación de los mismos".

13 No obstante, hay quien ha puesto de relieve que lo prolijo del art. 25.2 de la CE puede inducir a confusión, al punto de poderse entender que se excluye de ese reconocimiento de derechos "*a sensu contrario* a los que estén cumpliendo o se encuentren sometidos a una medida de seguridad o incluso a cualquier otro género de pena privativa de libertad de las previstas en el Código Penal" (Cfr. COBO DEL ROSAL, M. y QUINTANAR DÍEZ, M., "Artículo 25. Garantía penal", en *Comentarios a la Constitución Española de 1978,* Madrid, 1996, pág. 142.)

14 En todo caso, estas posibles dudas quedaron disipadas por el Tribunal Constitucional que en su Sentencia núm. 141/1999, dispuso que: "[…] el art. 25.2 se refiere a los condenados a pena de prisión que estuvieren cumpliendo la misma, los cuales gozan de los derechos fundamentales, en la

La dignidad y consiguientemente la titularidad de derechos y libertades se encuentra también presente en el ámbito penitenciario. Esa idea precisamente es la que conduce al legislador a prever en su art. 3.1 de la LOGP que "la actividad penitenciaria se ejercerá respetando, en todo caso, la personalidad humana de los recluidos y los derechos e intereses jurídicos de los mismos no afectados por la condena, sin establecerse diferencia alguna por razón de raza, opiniones políticas, creencias religiosas, condición social o cualesquiera otras circunstancias de análoga naturaleza".

1.3. EL EJERCICIO DEL DERECHO AL SECRETO DE LAS COMUNICACIONES EN EL ÁMBITO PENITENCIARIO

1.3.1. La trascendencia de las comunicaciones en el centro penitenciario

La conjunción de los arts. 18.3 y 25.2 de la CE permite aseverar que la persona privada de libertad goza en principio del derecho al secreto de las comunicaciones, aunque éste pueda verse afectado por las limitaciones legalmente establecidas[15].

El derecho al secreto de las comunicaciones adquiere una dimensión esencial en el desarrollo de la personalidad de los internos. Re-

---

forma y con las limitaciones que hemos expuesto antes. Ni ese precepto ni ningún otro de la Constitución mencionan a los presos preventivos, que, como ocurre con los condenados, son titulares efectivos de los derechos fundamentales, los cuales habrán de ejercitarse según la regulación legalmente establecida (art. 53.1 CE)".

15 En todo caso, esa relación de sujeción especial, expresada en el art. 25.2 de la CE, origina un entramado de derechos y deberes recíprocos entre la Administración Penitenciaria y el recluso que debe ser entendida en un sentido reductivo, compatible con el valor preferente de los derechos fundamentales según la doctrina reiterada del Tribunal Constitucional (SSTC núms. 74/1985, 2/1987, 120/1990, 137/1990, 11/1991, 57/1994 y 170/1996). Más recientemente sobre la relación de sujeción especial vid la STS 222/2019, de 21 de febrero.

sulta crucial para el cumplimiento de la finalidad, no exclusiva, de reinserción social de las penas privativas de libertad que contempla el primer inciso del art. 25.2 de la CE[16]. Las comunicaciones con el exterior permiten a la persona privada de libertad, que sus relaciones no queden reducidas exclusivamente al entorno penitenciario. Se trata del único contacto directo que mantienen con la sociedad a la que habrán de reinsertarse en un futuro[17].

La importancia de este derecho en el ámbito penitenciario se desprende de la propia regulación. Precisamente para posibilitar su ejercicio, el art. 51.1 de la LOGP prevé que los internos están autorizados para comunicarse periódicamente, de forma oral y escrita, con familiares, amigos y representantes acreditados de organismos e instituciones de cooperación penitenciaria, a excepción de los casos de incomunicación judicial. Asimismo, se contempla que la comunicación deberá llevarse a cabo con el máximo respeto a la intimidad y no podrá tener más restricciones, en cuanto a las personas y al modo, que aquéllas que hayan sido impuestas por razones de seguridad, de interés para el tratamiento o del buen orden del establecimiento. Luego, las únicas restricciones posibles son aquellas que se encuentran legalmente previstas, no pudiéndose en modo alguno condicionar este derecho ni en función de la conducta de la persona, ni del grado de clasificación del recluso, ni en virtud de la situación procesal del sujeto[18]. Y es que el secreto de las comunicaciones constituye no sólo una garantía de la vida privada sino también de la libertad individual (STC núm. 132/2002).

---

16 REVIRIEGO PICÓN, F. "España: Centros penitenciarios y derechos fundamentales", en *Teoría y práctica de los derechos fundamentales de las prisiones*, Buenos Aires, 2010, pág. 221 y ELVIRA PERALES, A., *Derecho al secreto de las comunicaciones*, Madrid, 2007, pág. 51.

17 Sobre la importancia que adquiere el derecho al secreto de las comunicaciones de las personas privadas de libertad en relación con la finalidad de reinserción pueden consultarse entre otras muchas, las SSTC núms. 75/1997, 200/1997, 188/1999, 175/2000,106/2001, 192/2002, 193/2002 y 194/2002.

18 REVIRIEGO PICÓN, F., Los derechos de los reclusos en la jurisprudencia constitucional, Madrid, 2008, págs. 53.

Si el secreto de las comunicaciones es esencial para los internos con carácter general, adquiere una importancia singular cuando se trata de los presos preventivos. En estos casos, la confidencialidad de la comunicación con el abogado es esencial para garantizar el ejercicio efectivo del derecho de defensa y el derecho a no declarar contra sí mismo y a no declarase culpable (art. 24.2 CE)[19]. En esas conversaciones es posible que pueda producirse el reconocimiento de la culpa o pudieran revelarse elementos inculpatorios que precise el abogado para articular su estrategia defensiva[20]. De ahí que el procedimiento y las causas para la restricción del secreto de las comunicaciones en estos casos hayan sido contemplados de manera singular, respecto de las que se conocen como comunicaciones ordinarias[21].

1.3.2. La norma habilitante para la intervención de las comunicaciones del interno

El art. 51 de la LOGP constituye la previsión legal habilitante y necesaria conforme a los arts. 53.1 y 81.1 de la CE para limitar un dere-

---

19 Sobre este aspecto véase el detallado estudio llevado a cabo por LÓPEZ YAGÜES, V., *La inviolabilidad de las comunicaciones con el abogado defensor*, Madrid, 2002, 518 págs. y el más reciente realizado por NOYA FERREIRO, L., *Derecho de defensa e intervención de las comunicaciones de los abogados*, Valencia, 2018, 186 págs.

20 LÓPEZ-BARAJAS PEREA, I., "El secreto de las comunicaciones con el abogado defensor en la nueva sociedad de la información", en *Los retos del Poder Judicial ante la sociedad globalizada*, A Coruña, 2012, pág. 521.

21 Sobre la interceptación de las comunicaciones entre abogado e interno pueden verse los trabajos de ARRIBAS LÓPEZ, E., "Algo más sobre la intervención de comunicaciones de los internos con sus abogados: la voluntad del legislador", *Diario La Ley*, núm. 7436, 2010; págs. 1-14; MARTÍNEZ RUIZ., J., "Reflexiones de urgencia motivadas por la desconcertante aplicación procesal de la intervención de las comunicaciones orales directas en el ámbito penitenciario, con especial atención a las comunicaciones abogado-cliente", *Diario La Ley*, núm. 7376, 2010, págs. 1-16; NISTAL MARTÍNEZ, J., "La libertad de las comunicaciones con el abogado defensor como garantía del derecho a la defensa", *Diario La Ley*, núm. 7383, 2010, págs. 1-12 y NOYA FERREIRO, L., "La intervención de las comunicaciones de los procesos y la Ley General Penitenciaria", *Revista de Derecho y Proceso penal*, núm. 3, 2000, págs. 183-210.

cho fundamental como es el derecho al secreto de las comunicaciones (art. 18.3 CE)[22]. Se trata de una norma contenida en la primera ley orgánica de la democracia española[23]. La Ley Orgánica 1/1979, de 26 de septiembre, General Penitenciaria, fue una disposición consensuada por todas las fuerzas políticas con representación en las cámaras legislativas y su aprobación se produjo por unanimidad. Si bien fue la primera norma de desarrollo constitucional, ha resistido el paso del tiempo prácticamente sin modificaciones. Lo que no se sabe es si dicha resistencia obedece a su calidad técnica y entonces

---

22 La importancia de previsión legal es subrayada por la STC 184/2003, en la que puede leerse que: "Como este Tribunal recordó en la STC 49/1999, de 5 abril, «por mandato expreso de la Constitución, toda injerencia estatal en el ámbito de los derechos fundamentales y las libertades públicas, ora incida directamente sobre su desarrollo (art. 81.1 CE), o limite o condicione su ejercicio (art. 53.1 CE), precisa una habilitación legal». Y proseguimos: «[e]sa reserva de ley a que, con carácter general, somete la Constitución española la regulación de los derechos fundamentales y libertades públicas reconocidos en su Título I, desempeña una doble función, a saber: de una parte, asegura que los derechos que la Constitución atribuye a los ciudadanos no se vean afectados por ninguna injerencia estatal no autorizada por sus representantes; y, de otra, en un ordenamiento jurídico como el nuestro en el que los Jueces y Magistrados se hallan sometidos "únicamente al imperio de la Ley" y no existe, en puridad, la vinculación al precedente (SSTC 8/1981, 34/1995, 47/1995 y 96/1996) constituye, en definitiva, el único modo efectivo de garantizar las exigencias de seguridad jurídica en el ámbito de los derechos fundamentales y las libertades públicas». Por consiguiente, la injerencia en los derechos fundamentales sólo puede ser habilitada por la «ley» en sentido estricto, lo que implica condicionamientos en el rango de la fuente creadora de la norma y en el contenido de toda previsión normativa de limitación de los derechos fundamentales STC 169/2001, de 16 julio".

23 De hecho, tal y como recuerda Fernando, SAINZ MORENO, (*Ley General Penitenciaria. Trabajos Parlamentarios*, Cortes Generales, Madrid, 1980, pág. IX): "Inicialmente el Proyecto del Ley General Penitenciaria se tramitó como «*ley ordinaria*» debido a que en el momento de ser presentado en el Congreso aún no se había aprobado la Constitución (el Proyecto fue publicado en el «B.O.C.» de 15 de septiembre de 1978). En el Pleno del Congreso, y por acuerdo de su Mesa, el Proyecto fue sometido a una votación final para cumplir lo previsto en el artículo 81 de la Constitución sobre la aprobación de las leyes orgánicas. A partir de ese momento el Proyecto se tramitó como «*ley orgánica*»".

visión progresista del sistema penitenciario o a la desatención que se produce en todo lo que atañe al mundo penitenciario. Sin duda, algunos de sus aspectos, especialmente los relativos a garantías de derechos fundamentales, precisan de una cierta actualización a la luz de la jurisprudencia nacional e internacional.

La habilitación legal contenida en el art. 51.5 de la LOGP se desarrolla en el art. 43 y ss. del Real Decreto 190/1996, de 9 de febrero, por el que se aprueba el Reglamento Penitenciario. En dichas normas lo único que se contempla es i) la posibilidad de intervención de las comunicaciones ordinarias; ii) que dicha autorización será acordada por el director del centro penitenciario y que de la misma se dará cuenta al juez de vigilancia penitenciaria; y iii) que los fines que legitimarán dicha restricción tienen que ver con la seguridad y el buen orden del establecimiento o, en su caso, con el tratamiento del interno, en cuyo caso se precisará el conssentimiento de éste. Nada se dice sobre el juicio de proporcionalidad o la motivación. Tampoco se establecen plazos ni para la dación de cuentas ni para la duración de la medida, no se mencionan las posibilidades de prórroga, y así un largo etcétera.

La regulación contenida en ambos preceptos es sumamente escueta, parca, pese a la incidencia que la intervención de las comunicaciones implica para la persona privada de libertad[24]. Si las comunicacio-

24 De hecho, podríamos hacer nuestra para este supuesto la calificación que la jurisprudencia empleaba precisamente para describir la regulación de la interceptación de las comunicaciones en el ámbito del proceso penal "raquítica". En la STS núm. 261/2014 de 1 abril, puede leerse que: "[...] hemos de recordar, el planteamiento general de la injerencia telefónica respecto a la que esta Sala casacional tiene ya un sólido y coherente cuerpo doctrinal, sobre el protocolo a seguir cuando se solicita la intervención telefónica como medio de investigación, que completa la "raquítica e insuficiente regulación legal" contenida en el art. 579 que ha sido censurada en varias SSTEDH entre otras, en la de 18 de febrero de 2003 —*Prado Bugallo vs. España*—. Constatamos también que el auto de inadmisión del mismo Tribunal de 25 de septiembre de 2006, *caso Abdulkadir Colen vs. España*, afirmó que la ley complementada con las exigencias dispuestas en la jurisprudencia satisfacía las prevenciones dispuestas en el Convenio Europeo de Derechos Humanos y la jurisprudencia del Tribunal Europeo de Derechos Humanos. Concretamente el Tribunal Europeo afirmó en la mencionada

nes constituyen un derecho fundamental para cualquier ciudadano, en el caso de las personas privadas de libertad éstas cobran una singular trascendencia, pues son un mecanismo para mantener el vínculo con la sociedad, con el entorno familiar. Por ello, consideramos que las previsiones contenidas en la legislación penitenciaria y en su desarrollo reglamentario son claramente mejorables, pues adolecen de una gran imprecisión y falta de previsión de algunas de las garantías y requisitos procedimentales que deben contemplarse para la adopción de una medida que restringe un derecho fundamental.

Esquema 1. El marco normativo de la interceptación del derecho al secreto de las comunicaciones del interno

El Tribunal Europeo de Derechos Humanos ha señalado los aspectos que la ley debe contemplar para acordar la intervención de comunicaciones, diferenciando entre "previsibilidad legal" y "calidad

resolución que "el art. 579 de la Ley de Enjuiciamiento Criminal, tal y como quedó modificado por la Ley 4/1988, de 25 de mayo, completado por la jurisprudencia del Tribunal Supremo y del Tribunal Constitucional establece reglas claras y detalladas, y precisa a priori con suficiente claridad la extensión y modalidades del ejercicio del poder de apreciación de las autoridades en la materia considerada".

de ley"[25]. España ya fue condenada en el *caso Prado Bugallo*[26] precisamente por esta última. Aunque la condena se refería a una interceptación en el ámbito de la investigación, las consideraciones son igualmente aplicables. El TEDH habla de accesibilidad y previsibilidad de la medida para las personas que les afecte la misma y de "compatibilidad con el valor superior del Derecho, el derecho interno debe garantizar suficientemente la protección frente a posibles abusos de autoridad". Precisamente es en este aspecto donde el TEDH considera que España vulnera el art 8 del CEDH, pues se aprecia que nuestra legislación procesal (art. 579 LECrim) no garantiza que se evite la arbitrariedad de los poderes públicos a la hora de ordenar la ejecución de la medida. Más aún, el TEDH advierte de que dichas deficiencias en la Ley no pueden ser suplidas por integraciones jurisprudenciales[27].

---

25 La Circular de la FGE 1/2019, sobre disposiciones comunes y medidas de aseguramiento de las diligencias de investigación tecnológica en la Ley de Enjuiciamiento Criminal, vino a recordar que el concepto de calidad de Ley exige "de una parte, que la norma permitiera a todo individuo conocer en qué circunstancias podría el Estado restringir sus derechos y, de otra, que evitara situaciones de abuso o arbitrariedad del Estado en su ejecución".

26 STEDH núm. 88/2011, de 18 de octubre.

27 Además, en este sentido compartimos la opinión de quien fuera Presidente del Tribunal Constitucional, el magistrado Cruz Villalón, en el voto particular a la STC núm. 49/1999, en el que podía leerse que: "[...] no comparto la idea de una especie de vulneración calificada de "autónoma e independiente de cualquier otra" del derecho fundamental determinada por las carencias en la calidad de la ley que, sin embargo, pueden ser, por así decir, posteriormente "neutralizadas" por medio de una actuación judicial particularmente respetuosa del derecho fundamental en cuestión (FJ 5º). Desde luego, no es ese el modo de operar del T.E.D.H. en los *casos Huvig, Kruslin y Valenzuela*, donde la sola constatación de estas carencias lleva a apreciar una transgresión del art. 8 C.E.D.H. Por lo que hace a nuestro ordenamiento constitucional, no creo que podamos decir que se ha vulnerado el derecho fundamental por la deficiencia de la ley y, sin embargo, afirmar que la lesión puede ser contrarrestada por el juez, pues las carencias de previsibilidad no son susceptibles de una subsanación ex post facto». Como dice Crespo Barquero, quizá el voto no resultase políticamente muy correcto, pero desde luego era constitucionalmente muy valiente (CRESPO BARQUERO,

Pues bien, estos reproches que el TEDH realizó a la regulación nacional de la interceptación de las comunicaciones como diligencia de investigación son igualmente trasladables a la normativa nacional relativa a la interceptación de las comunicaciones en el ámbito penitenciario[28]. Algunos aspectos esenciales que debieran estar contenidos en la norma, relativos al procedimiento o a la duración de la medida por ejemplo, están siendo integrados por la jurisprudencia penal y la doctrina constitucionåal. Integración que, como ya ha señalado el TEDH, no subsana el requerimiento relativo a la calidad de la ley que incide en los derechos fundamentales. Por ello sería deseable un mayor desarrollo legislativo que permitiese superar la exigua y generalista normativa que, como veremos en el estudio de campo, genera prácticas indeseadas y que sin duda es contraria a los principios que conforman el Estado de Derecho: legalidad, publicidad de las normas, jerarquía normativa y seguridad jurídica (art. 9.2 CE)[29].

P. "Intervenciones judiciales en materia de comunicaciones telefónicas e internet", *Cuadernos Penales José María Lidón*, 2010, núm. 7, pág. 63).

28 Sobre los requisitos generales para la adopción de las medidas de intervención de las comunicaciones, por todos, NOYA FERREIRO, L. "Presupuestos constitucionales de las medidas de intervención de las comunicaciones (I)", *Revista Dereito*, vol. 8, núm. 2, 1999, págs. 145-166 y "Presupuestos constitucionales de las medidas de intervención de las comunicaciones (II)", *Revista Dereito*, vol. 9, núm. 1, 2000, págs. 101-120. Tras las reformas operadas en el año 2015, ÁLVAREZ SÁNCHEZ DE MOVELLÁN, P., "Las nuevas medidas de investigación tecnológica y la enésima invocación al principio de proporcionalidad", *Justicia: Revista de Derecho Procesal*, núm. 1, 2018, págs. 85-136.

29 En este sentido, baste recordar que en la STC núm. 49/1999, de 5 de abril, se sostenía que "por mandato expreso de la Constitución, toda injerencia estatal en el ámbito de los derechos fundamentales y las libertades públicas ora incida directamente sobre su desarrollo (art. 81.1 CE), o limite o condicione su ejercicio (art. 53.1 CE), precisa una habilitación legal". Una reserva de ley que "constituye, en definitiva el único modo efectivo de garantizar las exigencias de seguridad jurídica en el ámbito de los derechos fundamentales y las libertades públicas y que «no es una mera forma, sino que implica exigencias respecto del contenido de la Ley que, naturalmente, son distintas según el ámbito material de que se trate, pero que en todo caso el legislador ha de hacer el «máximo esfuerzo posible"» para garantizar la seguridad jurídica o dicho de otro modo, la expectativa razonable-

1.4. LOS LÍMITES DEL DERECHO AL SECRETO DE LAS COMUNICACIONES EN EL ÁMBITO PENITENCIARIO

1.4.1. La limitación de derechos en el marco de una relación de sujeción especial

El derecho al secreto de las comunicaciones de los internos no es absoluto, como tampoco lo es para el resto de los ciudadanos que no se encuentran privados de libertad[30]. La propia Constitución es la que prevé los términos en que los derechos fundamentales pueden ser restringidos en el ámbito penitenciario.

El art. 25.2 de la CE prevé que los derechos de los internos pueden ser limitados «por el contenido del fallo condenatorio, el sentido de la pena y la ley penitenciaria». En principio, no parece que ni el contenido del fallo ni el sentido de la pena conlleven en sí mismos la limitación del derecho al secreto de las comunicaciones, salvo, claro está, cuando la incomunicación haya sido declarada judicialmente.

---

mente fundada del ciudadano en cuál ha de ser la actuación del poder en aplicación del Derecho". (En el mismo sentido, cfr. STC núms. 36/1991 y 169/200). Además, el propio Tribunal Constitucional ha incidido, a la luz de la jurisprudencia del TEDH en que "la ley debe definir las modalidades y extensión del ejercicio del poder otorgado con la suficiente claridad para aportar al individuo una protección adecuada contra la arbitrariedad" (STC núm. 70/2002).

30 El secreto a las comunicaciones como acontece con el resto de derechos fundamentales, incluidos por ejemplo otros tan trascendentales como el derecho a la libertad ambulatoria o a la inviolabilidad del domicilio, son susceptibles de ciertas restricciones, excepciones o injerencias legítimas en aras a la consecución de unas finalidades de la importancia justificativa suficiente y con estricto cumplimiento de determinados requisitos en orden a garantizar el fundamento de su motivo y la ortodoxia en su ejecución. Cfr. STS (Sala de lo Penal) núm. 588/2002, de 4 abril).

Esquema 2. Tipos de comunicaciones

Luego, más allá de lo que comporta la pena de prisión —la privación de libertad—, no podrán inferirse de la misma ninguna otra restricción o limitación de derechos del interno, en el ya de por sí reducido ámbito de libertad del que se disfruta en el centro penitenciario[31]. Por tanto, las limitaciones "adicionales" al derecho al secreto de las comunicaciones de los internos habrán de estar previstas en «la ley penitenciaria» (art. 25.2 CE). Esta habilitación constitucional para afectar el secreto de las comunicaciones de los internos es desarrollada por la LOGP, que contempla en su art. 51.1 que las comunicaciones de los internos podrán sufrir restricciones "por razones de seguridad, de interés de tratamiento y del buen orden del establecimiento". Esta, constituye la habilitación general para la interceptación de las comunicaciones, a la que el legislador ha adicionado un supuesto aún más excepcional, el de la interceptación de las comunicaciones de los internos "con el abogado defensor o con el abogado expresamente llamado en relación con asuntos penales y

31 LAMARCA PÉREZ, C. "Los derechos de los presos", en *Derechos de las minorías y de los grupos diferenciados,* Madrid, 1994, pág. 75.

con los procuradores que lo representen" (art. 51.2 LOGP). Este es un supuesto singular en el que se prevé que en casos de terrorismo cabrá la posibilidad tanto de suspensión como de intervención de las comunicaciones, pero en todo caso por orden de la autoridad judicial[32].

Fuera de este supuesto, sumamente singular y excepcional y que excede en este momento el objeto de esta investigación, los motivos que la legislación penitenciaria contempla para restringir el derecho al secreto de las comunicaciones evidencian la especial relación existente entre el sujeto privado de libertad y la Administración penitenciaria, toda vez que ésta se configura como una relación de sujeción especial[33].

Entre la doctrina resulta sumamente controvertida esta calificación, pues falta en ella la nota esencial de voluntariedad que caracteriza las relaciones de especial sujeción[34]. No obstante, la doctrina constitucional es clara al considerar que la relación penitenciaria comporta, *ex* art. 25.2 de la CE, un régimen especial limitativo de los derechos fundamentales de los reclusos, de manera que lo que podría representar una vulneración de los derechos fundamentales

---

32 Sobre dicho tema, OLMEDO, M., "Límites al derecho de defensa: intervención de las comunicaciones entre abogado y cliente", en *El Derecho.com* (Tribuna, 27-12-2011), https://elderecho.com/limites-al-derecho-de-defensa-intervencionde-las-comunicaciones-entre-abogado-y-cliente

33 GARCÍA MACHO, R., *Las relaciones de especial sujeción en la constitución española*, Madrid, 1992, pág. 208.

34 Son muchos los autores que consideran que la previsión del art. 25.2 de la CE hace innecesaria y confusa la calificación de relación de sujeción especial a la existente entre el interno y la Administración penitenciaria (cfr. en este sentido MARTÍNEZ ESCAMILLA, M., *La suspensión e intervención de las comunicaciones del preso*, Madrid, 2000, pág. 50). Pues como se ha advertido por la doctrina los principios de la LOGP resultan contrarios a teoría de la relación de sujeción especial (vid. MAPELLI CAFFARENA, B., "El sistema penitenciario, los derechos humanos y la jurisprudencia constitucional", en *Tratamiento penitenciario y derechos fundamentales*, Barcelona, 1994, págs. 23 y ss.). En este mismo sentido vid. también REVIRIEGO PICÓN, F. *Los derechos de los reclusos en la jurisprudencia constitucional*, Madrid, 2008, pág. 37 y TAMARIT SUMALLA, J.M. et alii, *Curso de derecho penitenciario*, Valencia, 2005, pág. 77.

de un ciudadano en libertad no puede sin más considerarse como tal tratándose de un recluso[35]. En definitiva, lo que viene a sustentar el Tribunal Constitucional como consecuencia de la habilitación contenida en el art. 25. 2 de la carta magna es la existencia en el ámbito penitenciario de una serie de limitaciones suplementarias a las que se prevén en relación con los derechos fundamentales de cualquier ciudadano por el hecho de encontrarse privado de libertad[36]. Lo que no es admisible en modo alguno será que *so pretexto* de la relación de especial sujeción, pueda desvirtuarse el sistema general de derechos

---

35 Sobre la configuración en la jurisprudencia del Tribunal Constitucional de la relación de sujeción especial entre interno y administración penitenciaria, cfr. entre otras las SSTC núms. 74/1985, 2/1987, 190/1987, 61/1990 y 120/1990. Cfr. también LÓPEZ BENÍTEZ, M., *Naturaleza y presupuestos constitucionales de las relaciones especiales de sujeción*, Madrid, 1994, 646 págs.

36 Así puede leerse en la STC núm. 141/1999, que: "Este Tribunal ha afirmado reiteradamente que con ocasión del internamiento en un Centro Penitenciario se establece entre la Administración Penitenciaria y las personas recluidas en el mismo una especial relación jurídica, que nuestra jurisprudencia ha incardinado dentro de las denominadas «relaciones especiales de sujeción» (SSTC 74/1985; 2/1987; 120/1990). En virtud de tal sujeción, y así se desprende del art. 25.2 C.E., el interno gozará de los derechos fundamentales previstos en el Capítulo Segundo del Título I de la C.E., con la excepción de los constitucionalmente restringidos. El interno, como ha señalado la STC 2/1987, "se integra en una institución preexistente y que proyecta su «autoridad» sobre quienes, al margen de su condición común de ciudadanos [y como consecuencia de la modificación de su *status libertatis*], adquieren el status específico de individuos sujetos a un poder público que no es el que, con carácter general, existe sobre el común de los ciudadanos", aunque, ciertamente, el ejercicio de dicha vigilancia está sometida a normas legales de estricto cumplimiento, con un concreto control judicial a través de la jurisdicción de vigilancia penitenciaria. Además, la vigilancia del interno se encuentra limitada por la finalidad propia de la relación especial de sujeción (art. 1 L.O.G.P.) y por el valor preferente de los derechos fundamentales del recluso, que el art. 25.2 C.E. expresamente reconoce (SSTC 129/1990 y 57/1994). Por eso, dicha relación de sujeción especial y las limi taciones de la misma deben ser entendidas en un sentido restringido compatible con el meritado valor preferente (SSTC 120/1990; 137/1990 y 129/1995)".

y principios constitucionales, como ha sido denunciado reiteradamente por parte de la doctrina[37].

La persona sometida a privación de libertad, es decir, el interno, adquiere un status jurídico caracterizado por su sometimiento al poder público ejercido por la Administración penitenciaria, a la que corresponde además de la labor constitucional de reeducación y reinserción social de los penados (art. 25.2 CE)[38], la retención y custodia de los detenidos, presos y penados (art. 1 LOGP). Para ello la Administración penitenciaria habrá de garantizar y velar por la seguridad y buen orden del establecimiento (arts. 18, 26.d), 29.2, 41.1, 43.4, etc. LOGP), pero como ha establecido la doctrina del Tribunal Constitucional esta relación de sujeción especial habrá de ser entendida en todo caso en un sentido reductivo y compatible con el valor preferente de los derechos fundamentales[39].

---

37 Sobre este particular, véase LAMARCA PÉREZ, C., "Los derechos de los presos", en *Derechos de las minorías y de los grupos diferenciados*, Madrid, 1994, pág. 84; RIVERA BEIRAS, I., "La doctrina de las relaciones de sujeción especial en el ámbito penitenciario (la zona del "no derecho")", en *Legalidad constitucional y relaciones penitenciarias de especial sujeción*, Barcelona, 2000, pág. 87 y MUÑAGORRI LAGUÍA, I., "La vigencia del principio de legalidad en el ámbito penitenciario", en *Legalidad constitucional y relaciones penitenciarias de especial sujeción*, Barcelona, 2000, pág. 24.

38 Baste recordar en este momento que, como afirmara ÁLVAREZ GARCÍA, F.J, (*Consideraciones sobre los fines de la pena en el ordenamiento constitucional español*, Granada, 2001, págs. 34-35), no siendo un Derecho ni la reeducación ni la reinserción, no debe olvidarse que "al afirmar que no nos encontramos ante un mandato en sentido estricto sino ante principios, no debe entenderse en el sentido de que se patrocina el que nos hallemos ante las antiguamente denominadas meras normas programáticas, que fueron claramente impugnadas en su sentido originario por la STC de 20 de diciembre de 1982, sino ante normas vinculantes —ex artículos 9.1 y 53.1 CE— para todos los poderes públicos. Lo que significaría que a la luz de esa "orientación" constitucionalmente asignada a las penas privativas de libertad y por medio de distintos instrumentos jurídicos, sería impugnable: toda norma que previera una sanción que por su naturaleza [...] contrastara con las aludidas finalidades".

39 Cfr. las SSTC 170/1996; 120/1990; 137/1990 y 57/1994.

1.4.2. Los supuestos habilitantes para la limitación del secreto de las comunicaciones en el centro penitenciario

La legislación penitenciaria contempla tres causas que permiten la afectación del derecho de los internos al secreto de las comunicaciones ordinarias: i) la seguridad; ii) el interés en el tratamiento y iii) el buen orden del establecimiento (art. 51.1 LOGP). Se trata de una enumeración de carácter tasado, pues la reserva de ley impide que, reglamentaria o jurisprudencialmente, pudiesen ser ampliados los supuestos[40].

La seguridad y el buen orden del establecimiento son fines estrictamente ligados con la función propia de la Administración penitenciaria, que no es otra que la de "retención y custodia de detenidos, presos y penados" (art. 1 LOGP)[41]. Si bien es cierto que, como ha sido puesto de relieve por la doctrina, más que como función propia de la Administración penitenciaria, en este contexto debe ser observada como contenido de la propia potestad jurisdiccional: hacer ejecutar lo juzgado (art. 117.3 CE)[42]. Para MARTÍNEZ ESCAMILLA, la retención y custodia no tendría el rango constitucional suficiente para permitir la injerencia en el derecho fundamental al secreto de las comunicaciones, de ahí que trate de vincularlos con el derecho

---

40 Cfr. MARTÍNEZ ESCAMILLA, M., *La suspensión e intervención...*, op. cit., pág. 65.

41 El mantenimiento del orden se contempla de hecho en la CEDH como posible límite al derecho. Así puede leerse en el art. 8.2 que: " No podrá haber injerencia de la autoridad pública en el ejercicio de este derecho [*Derecho al respeto a la vida privada y familiar*] sino en tanto en cuanto esta injerencia esté prevista por la ley y constituya una medida que, en una sociedad democrática, sea necesaria para la seguridad nacional, la seguridad pública, el bienestar económico del país, la defensa del orden y la prevención de las infracciones penales, la protección de la salud o de la moral, o la protección de los derechos y las libertades de los demás".

42 GARCÍA-PABLOS, DE MOLINA, A., "Funciones y fines de las instituciones penitenciarias", en *Comentarios a la Legislación Penal*, t. VI, vol. 1, LOPGP; Madrid, 1986, pág. 38 y MAPELLI CAFFARENA, B. *Principios fundamentales del sistema penitenciario español*, Barcelona 1983, pág. 183.

a la ejecución de las resoluciones judiciales, integrado en el más amplio derecho a la tutela judicial efectiva (art. 24.1 CE)[43].

En todo caso, tanto la seguridad como el mantenimiento del orden son contemplados por el CEDH como posibles límites al derecho al respeto a la vida privada y familiar. Así puede leerse en el art. 8.2 que: "No podrá haber injerencia de la autoridad pública en el ejercicio de este derecho sino en tanto en cuanto esta injerencia esté prevista por la ley y constituya una medida que, en una sociedad democrática, sea necesaria para la seguridad nacional, la seguridad pública, el bienestar económico del país, la defensa del orden y la prevención de las infracciones penales, la protección de la salud o de la moral, o la protección de los derechos y las libertades de los demás".

Estos conceptos constituyen en todo caso conceptos jurídicos indeterminados que precisan una mayor concreción para legitimar la injerencia en el derecho al secreto de las comunicaciones del interno, máxime si se quiere evitar convertir una habilitación legal que debe entenderse como excepcional en un modo ordinario de control de la actividad penitenciaria[44]. Por ello, es imprescindible la justificación y adecuación del nexo de causalidad entre la intervención de la comunicación y el cuestionamiento del orden o seguridad del centro[45]. A estos efectos veremos cómo la motivación resulta crucial para poder detectar los supuestos en los que erróneamente se emplea la interceptación de las comunicaciones no como una medida excepcional, sino como un mecanismo más de

---

43 Cfr. MARTÍNEZ ESCAMILLA, M., *La suspensión e intervención...*, supra. cit., pág. 60.

44 A este respecto, advertía MARTÍNEZ ESCAMILLA, M., *La suspensión e intervención...*, supra. cit., pág. 61, que: "[...] conviene llamar la atención sobre la generosidad con que se formulan tales intereses que pueden prevalecer sobre el secreto de las comunicaciones, generalidad que justifica el temor a la aplicación irreflexiva y desmesurada de estas medidas limitativas de la libertad a comunicar y su secreto, convirtiéndolas en un medio más de control sobre el interno".

45 Vid. RÍOS MARTÍN, J.C., *Manual de ejecución penitenciaria...*, supra cit., pág. 278.

control y seguridad para el mantenimiento del buen orden del establecimiento.

Estos supuestos, no deben llevar a confundir esta previsión legal con la intervención de las comunicaciones prevista en la legislación procesal como diligencia de investigación para el esclarecimiento de los hechos con apariencia delictiva (tanto en el art. 579 y ss. LECrim —para la correspondencia y paquetes postales— como, ahora, los arts. 588 bis a y ss. LECrim —para la interceptación de las comunicaciones telefónicas, telemáticas y grabación de comunicaciones orales—). Esta distinción debe estar especialmente presente cuando de presos preventivos se trata, pues la interceptación de las comunicaciones en el ámbito penitenciario no debe estar encaminada a fines de investigación criminal[46].

El supuesto interés en el tratamiento resulta también un tanto controvertido pues son las comunicaciones, particularmente las del interno con el exterior, las que favorecen su resocialización[47]. De ahí que, en los casos en que algún tipo de comunicación del interno pudiese resultar perjudicial para su tratamiento, parece que la medida más adecuada sería la suspensión y no tanto la intervención de la comunicación. Máxime cuando en el art. 60.2 de la LOGP prevé que para el tratamiento "deberán utilizarse, en tanto sea posible, todos los métodos de tratamiento y los medios que, respetando siempre los derechos constitucionales no afectados por la condena, puedan facilitar la obtención de dichas finalidades". Por ello, y porque el sometimiento al tratamiento es voluntario[48], parece lógico que para estos

---

46 CERVELLÓ DONDERIS, V., *Derecho Penitenciario,* Valencia, 2016, pág. 291.

47 De ahí que en el art. 110 del RP pueda leerse que: "Para la consecución de la finalidad resocializadora de la pena privativa de libertad, la Administración Penitenciaria: [...] c) Potenciará y facilitará los contactos del interno con el exterior contando, siempre que sea posible, con los recursos de la comunidad como instrumentos fundamentales en las tareas de reinserción".

48 Que el tratamiento es voluntario, pese a no establecerse en ninguno de los preceptos de la Ley, se deriva de la propia Exposición de Motivos, en la que se prevé que: "El tratamiento no pretende consistir en la modificación impuesta de la personalidad del hombre, sino en una puesta a disposición del mismo de los elementos necesarios para ayudarle a vivir fecundamente en libertad. En consecuencia, será programado, individualizado y voluntario".

supuestos se requiera el consentimiento del interno para la adopción de la medida (art. 43.1 LOGP)[49].

---

49 Para MARTÍNEZ ESCAMILLA, M., (*La suspensión e intervención...*, supra. cit., pág. 65), "Desde esta perspectiva, no será tanto el interés en el tratamiento la fuente legitimadora de la injerencia como el consentimiento propiamente dicho".

2. El procedimiento para la interceptación de las comunicaciones ordinarias en el Centro penitenciario

La legislación penitenciaria permite la interceptación de las comunicaciones orales y escritas, a las que tienen derecho los internos penados y preventivos en un centro penitenciario. Esta previsión legal contenida en el apartado 5 del art. 51 de la LOGP se desarrolla escasamente por los arts. 41 y ss. del RP, lo que posibilita el control del contenido de las comunicaciones que los internos mantienen con sus familiares, amigos, allegados y con los representantes de organismos e instituciones de cooperación penitenciaria.

Esta intervención de las comunicaciones se prevé tanto para los casos en que la comunicación se desarrolla de manera oral, en los locutorios de los centros; o cuando esta tiene lugar por teléfono, en los supuestos autorizados del art. 47.1 del RP[50]; como cuando las mismas se producen por escrito, a través de la correspondencia que intercambian con personas del exterior, incluyendo internos de otros centros penitenciarios.

En particular, la legislación penitenciaria establece que estas concretas comunicaciones, que se han venido a denominar como "ordinarias", podrán ser interceptadas motivadamente por el Director del establecimiento, dando cuenta a la autoridad judicial competente cuando existan o concurran razones de seguridad, de interés en el tratamiento del interno o del buen orden del establecimiento que justifiquen la adopción de esta medida (art. 51.1 y 5 LOGP).

---

[50] La parquedad de la regulación obligó a la doctrina constitucional a aclarar que la intervención puede producirse tanto sobre las comunicaciones enviadas y como sobre las recibidas (cfr. SSTC 106/2001, 194/2002, 169/2003).

Esta posibilidad de suspensión o interceptación de las comunicaciones orales o escritas se configura exclusivamente como una mera dación de cuentas en cuanto a su garantía jurisdiccional[51]. Lo que resulta sorprendente si se tiene presente que a continuación el legislador sí que confiere la debida protección a la comunicación del interno con el abogado defensor o con el expresamente llamado en relación con asuntos penales y con los procuradores que lo representen. En estos casos, sólo en los supuestos de terrorismo será posible acordar esta intervención, pero además la intervención habrá de ser acordada judicialmente (art. 51.2 LOGP)[52]. Ni que decir tiene que la

---

51 FERNÁNDEZ ARÉVALO, L. y NISTAL BURÓN, J., (*Manual de Derecho penitenciario*, Aranzadi Thomson Reuters, 2011, BIB 2011\963, pág. 9) consideran que: "En el sistema penitenciario español, el mecanismo general de daciones de cuenta de las Direcciones de los Centros Penitenciarios a los JVP, se traduce en la puesta en conocimiento por la propia Administración de aquellos de sus actos que, en primer lugar, implican la afectación de un derecho fundamental, y de aquellos otros que, en segundo lugar, entrañan un modelo de actividad penitenciaria que se aparta del estándar".

52 En un primer momento, el TC (STC 73/1983) entendió que las comunicaciones con el abogado sólo podían ser intervenidas por orden judicial, a excepción de los casos de terrorismo, en los que podía adoptar la medida el director del centro. Sin embargo, desde la STC 183/1994, las condiciones de terrorismo y autorización judicial han de interpretarse acumulativamente, pues una intervención administrativa de este tipo de comunicaciones sería "totalmente incompatible con el más intenso grado de protección que la norma legal confiere al derecho de defensa en los procesos penales". Esta doctrina se reitera en la STC 197/1994 y se extiende a las comunicaciones escritas en la STC 58/1998. En defensa de la idea de que no fue la voluntad del legislador restringir la posibilidad de intervenir las comunicaciones con el abogado solamente a los casos de terrorismo, véase ARRIBAS LÓPEZ, E., "Algo más sobre la intervención de comunicaciones de los internos con sus abogados: la voluntad del legislador", *Diario La Ley*, núm. 7436, 2010. La Circular de la FGE 1/2019, sobre disposiciones comunes y medidas de aseguramiento de las diligencias de investigación tecnológica en la Ley de Enjuiciamiento Criminal, vino a recordar que "será posible la intervención de comunicaciones (telefónicas, telemáticas o directas) entre un abogado y su cliente cuando, además de cumplirse el resto de los requisitos exigidos, la investigación pueda poner de manifiesto indicios objetivos de la participación del Letrado en una actividad delictiva. Se exceptúan, no obstante, las comunicaciones que puedan mantener en un centro penitenciario que —conforme al art. 51.2 de la Ley Orgánica 1/1979, de 26 de septiembre,

intervención de las comunicaciones en estos supuestos no sólo afecta al secreto de las mismas, sino también al derecho de defensa, de ahí que el legislador no haya dudado de la necesidad de dotarlas de la máxima garantía jurisdiccional. Sólo el juez podrá decretar dicha afectación de derechos fundamentales[53]. Pero esta circunstancia, el que en estos casos sean dos derechos fundamentales los que pueden ser restringidos, no debiera llevar al legislador a relajar la garantía jurisdiccional cuando la interceptación sólo se refiere a uno de ellos, el derecho al secreto de las comunicaciones[54].

En este sentido la doctrina constitucional ha sido muy clara al considerar que pese a tratarse de una intervención *ex post*, ésta debe consistir en un verdadero y auténtico control de la actuación de la administración penitenciaria. Así puede leerse en la STC núm. 106/2001, de 23 de abril, que: "La necesidad legal de la comunicación de la medida adoptada a la autoridad judicial competente ha de ser inmediata, con el objeto de que ésta ratifique, anule o subsane la decisión administrativa, es decir, ejerza con plenitud su competencia

---

General Penitenciaria— sólo podrán ser intervenidas en los supuestos de terrorismo".

53 Como pone de relieve NISTAL MARTÍNEZ, J., ("La libertad de las comunicaciones...", cit., pág. 9) "la inviolabilidad de las comunicaciones entre el interno y el abogado son el presupuesto básico del derecho de defensa, que debe sin duda garantizarse al investigado durante toda la instrucción".

54 Es cierto que la interceptación de las comunicaciones de los presos no es el único supuesto en el que la Ley excepciona el control previo de la autoridad judicial. Conforme al art. 579.3 LECrim también encontramos excepciones a la necesidad de resolución judicial previa en caso de urgencia y en las investigaciones de delitos de bandas armadas, elementos terroristas, en cuyo caso pueden ordenar la medida el Ministro del Interior o, en su defecto, el director de Seguridad de Estado, comunicándolo inmediatamente por escrito motivado al juez competente, quien, a su vez, de forma motivada, revocará o confirmará tal resolución en un plazo máximo de setenta y dos horas desde que fue ordenada la intervención. En la misma línea se sitúa el art. 588 ter d 3 para la interceptación de las comunicaciones telefónicas y telemáticas. Las diferencias con el régimen previsto en la LOGP saltan a la vista pues se prevé como un supuesto excepcional y tasado frente al régimen general, autorización previa del órgano judicial, y además se establecen plazos de control para garantizar la inmediata intervención del juez en garantía de los derechos afectados.

revisora sobre la restricción del derecho fundamental, articulándose, pues, como una auténtica garantía con la que se pretende que el control judicial de la intervención administrativa no dependa del eventual ejercicio por el interno de los recursos procedentes.

Rectamente entendida esta dación de cuentas a la autoridad judicial competente implica, «no sólo la mera comunicación del órgano administrativo al órgano judicial para conocimiento de éste, sino un verdadero control jurisdiccional de la medida efectuado "a posteriori" mediante una resolución motivada» (STC núm. 175/1997, de 27 de octubre)"

Finalmente, la ley prohíbe la posibilidad de interceptación de las comunicaciones con la autoridad judicial, el Ministerio Fiscal y el Defensor del Pueblo, sus adjuntos u órganos autonómicos correspondientes (art. 49.2 RP)[55]. Lo contrario resultaría sumamente incoherente, pues se cuestionaría la comunicación con las autoridades que precisamente tienen encomendada por ley la defensa y gestión de los derechos e intereses legítimos de los internos frente a la Administración penitenciaria[56]. Asimismo, su posible interceptación empañaría la confianza que debe presidir la relación con las autoridades. No se comprendería que la Administración penitenciaria sospechase de las comunicaciones que el interno pueda tener con otras autoridades.

Luego, en principio fuera del supuesto previsto y excepcionalísimo de intervención de las comunicaciones entre el interno y el abogado (art. 51.2 LOGP), la legislación contempla para la interceptación de las comunicaciones ordinarias conforme al siguiente procedimiento:

---

[55] Cfr. las SSTC núms. 127/1996 y 170/2000.

[56] Cfr. MARTÍNEZ ESCAMILLA, M., *La suspensión e intervención...*, supra cit., pág. 154.

Esquema 3. Procedimiento para la interceptación de las comunicaciones

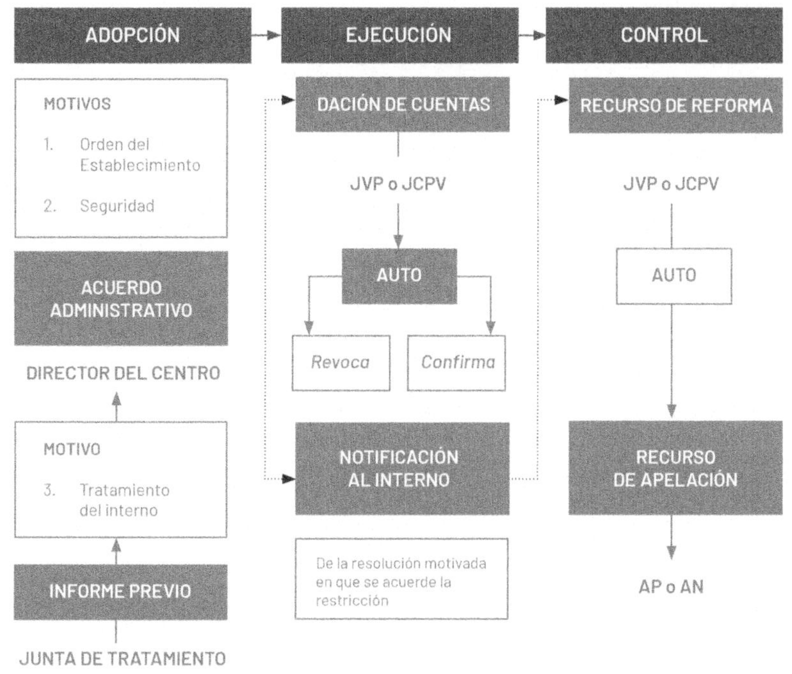

2.1. EL ACUERDO DE LA AUTORIDAD ADMINISTRATIVA

EL apartado 5 del art. 51 de la LOGP dispone que las comunicaciones podrán ser intervenidas motivadamente por el director del establecimiento, dando cuenta a la autoridad judicial competente.

La primera de las singularidades que presenta esta posibilidad de intervención de las comunicaciones es precisamente que no se requiere autorización judicial previa, a diferencia de lo previsto en el art. 18.3 de la CE, que restringe la posibilidad de intervención a la autorización judicial[57]. Para estos casos la ley contempla el control judicial *ex post*.

Son muchos los autores que han mostrado su preocupación por esta excepción al principio de exclusividad jurisdiccional prevista en la legislación penitenciaria para restringir el secreto de las comunicaciones, pues su ausencia —o mejor dicho su previsión como una mera dación de cuentas—, aminora las garantías de protección de este derecho fundamental[58]. Su limitación debería ser autorizada previamente a su adopción por un órgano judicial, que es quien tiene encomendada constitucionalmente la labor de garantizar los derechos (art. 117.4 CE).

El control judicial es precisamente el que permite asegurar el cumplimiento de los requisitos y límites de la injerencia por parte de la administración, operando de este modo como una garantía adicional a la de reserva de ley orgánica sobre el derecho[59]. Por otra parte, la autorización judicial previa parece el control más eficaz de una ac-

---

57 Este derecho que no es absoluto tal y como prevé la propia Constitución, puede ceder en el seno de una investigación judicial, si bien su tratamiento legal ha sido históricamente muy deficitario teniendo que ser la doctrina del constitucional y la jurisprudencia del Tribunal supremo las que establecieron que cualquier decisión judicial que tuviese por objeto la interceptación de las comunicaciones debía sujetarse a los principios de especialidad, idoneidad, excepcionalidad, necesidad y proporcionalidad de la medida; además del sometimiento a control judicial posterior. Esta doctrina ha sido la que ha inspirado precisamente la reforma de la LECrim operada por la LO 13/2015, de 5 de octubre, para dotar de una adecuada regulación a esta diligencia de investigación que afecta al secreto de las comunicaciones.

58 En este sentido vid. REVIRIEGO PICÓN, F. "El secreto de las comunicaciones en los Centros Penitenciarios: comunicaciones escritas «entre» reclusos", *Boletín de la Facultad de Derecho de la UNED*, núm. 26, 2005, pág. 576 y MARTÍNEZ ESCAMILLA, M. "Derechos fundamentales entre rejas: Algunas reflexiones acerca de los derechos fundamentales en el ámbito penitenciario, al tiempo que un comentario de la jurisprudencia constitucional al respecto", *Anuario de Derecho Penal y Ciencias Penales*, T. 51, 1998, pág. 257.

59 BELDA PÉREZ-PEDRERO, E. "El derecho al secreto de las comunicaciones", *Parlamento y Constitución. Anuario*, núm. 2, 1998, pág. 191.

tividad como la de la interceptación de las comunicaciones que habitualmente se realiza por órganos dependientes del poder ejecutivo[60].

En este sentido, pese a que la interceptación de las comunicaciones en el ámbito penitenciario cuente con el posterior control judicial, la previsión del art. 51.5 de la LOGP parece menos garantista que la prevista con carácter general en el art. 18.3 de la CE[61]. Tratándose de un derecho fundamental debiera además considerarse que cuando el control judicial se produce *a posteriori* y la interceptación de la comunicación se revoca por resultar ilegítima, el derecho fundamental habrá resultado afectado al menos durante el tiempo transcurrido entre la adopción del acuerdo administrativo y su control judicial[62].

2.2. LOS REQUISITOS LEGALES Y JURISPRUDENCIALES PARA SU ADOPCIÓN

La ausencia de un procedimiento reglado lo suficientemente claro y específico para afectar un derecho fundamental, como es el del secreto de las comunicaciones, ha llevado al Tribunal Constitucional a establecer los requisitos mínimos que deben concurrir en la adopción de esta medida. Así, la doctrina habla de la necesaria proporcionalidad y adecuación a los fines perseguidos, de su excepcionalidad

---

[60] BELDA PÉREZ-PEDRERO, E. "El derecho al secreto de las comunicaciones", *Parlamento y Constitución. Anuario*, núm. 2, 1998, pág. 182.

[61] Sobre este extremo se pronuncia claramente RÍOS MARTÍN, J.C. (*Manual de ejecución penitenciaria. Defenderse de la cárcel*, Madrid, 2009, pág. 280), para quien el hecho de "que la comunicación de la intervención al Juez se realice *a posteriori* aunque sea inmediatamente, no es acorde con las garantías que deben prevalecer en un Estado de Derecho".

[62] Este hecho que pudiera parecer intrascendente si el control fuese inmediato resulta sumamente preocupante cuando se comprueba que los tiempos son excesivamente dilatados (vid. más adelante *Ilustraciones 11* y *12*), de manera que el derecho queda conculcado. Si a eso añadimos que el interno no puede escoger el modo de comunicarse resulta aún mas gravosa la afectación. La media de este tiempo en el conjunto de los centros penitenciarios españoles para intervenciones bajo el control del Juez Central de Vigilancia Penitenciaria fue de 87 días, esto es, de casi tres meses.

y de la limitación temporal de la misma[63]. Resulta preocupante que frente a las numerosas voces que —tanto entre la doctrina como en la jurisprudencia—, denunciaron la ausencia de calidad de la interceptación de las comunicaciones en el ámbito de la investigación, apenas existen posiciones críticas sobre la insuficiente regulación contenida en la LOPG, quizá porque tengan razón aquellos que denuncian que nos encontramos ante ciudadanos de segunda categoría[64].

2.2.1. La excepcionalidad

La excepcionalidad de la interceptación de las comunicaciones no aparece contemplada ni en la ley, ni en su reglamento de desarrollo. Sin embargo, no cabe duda de que esta medida, en cuanto supone la afectación de un derecho fundamental del interno, sólo puede ser concebida con carácter excepcional[65]. Esto debiera significar, de

---

63 Cfr., entre otras, las SSTC núms. 170/1996, 175/1996, 200/1997 y 169/2003.

64 Si apenas se habían escuchado posiciones críticas en relación con la interceptación de las comunicaciones de los internos, esta tendencia varió sustancialmente a raíz de un conocido supuesto en el que la interceptación realizada en el centro penitenciario afectaba a la comunicación con el abogado (Vid. entre muchos ARRIBAS LÓPEZ, E., "Algo más sobre la intervención de comunicaciones de los internos con sus abogados: la voluntad del legislador", *Diario La Ley*, núm. 7436, 2010; págs. 1-14; MARTÍNEZ RUIZ., J., "Reflexiones de urgencia motivadas por la desconcertante aplicación procesal de la intervención de las comunicaciones orales directas en el ámbito penitenciario, con especial atención a las comunicaciones abogado-cliente", *Diario La Ley*, núm. 7376, 2010, págs. 1-16 y NISTAL MARTÍNEZ, J., "La libertad de las comunicaciones con el abogado defensor como garantía del derecho a la defensa", *Diario La Ley*, núm. 7383, 2010, págs. 1-12. Sin duda, como ya advertimos, este tipo de interceptación, denominada XXX, afecta no sólo al derecho fundamental al secreto de las comunicaciones sino también al fundamental derecho de defensa. Pero ello no hace sino evidenciar que cuando nos asomamos al centro penitenciario normalmente no lo hacemos por interés directo sino por un interés indirecto.

65 En este sentido, ASENCIO MELLADO, J. Mª., *La intervención de las comunicaciones y la prueba ilícita*, https://www.unifr.ch/ddp1/derechopenal/articulos/a_20110507_02.pdf, pág. 3, recuerda que los Derechos Fundamentales pueden ser limitados, pero "siempre de forma excepcional y partiendo del reconocimiento de la primacía de estos derechos salvo justifica-

un lado, que no se solicita de manera sistemática y, de otro, que no se concede o ratifica de forma rutinaria[66]. Deberá adoptarse sólo cuando, desde una perspectiva razonable, no se hallen a disposición del centro de internamiento otros medios menos gravosos para procurar la seguridad, el buen orden del establecimiento o el tratamiento del interno.

La motivación nos permitirá fiscalizar si efectivamente la adopción de la medida obedece a circunstancias excepcionales, es decir, a situaciones que se apartan de lo ordinario. El espíritu de la legislación penitenciaria no puede ser el de dejar sin efecto lo previsto en el art. 18.3 de la Constitución haciendo de la interceptación de las comunicaciones una medida ordinaria.

En este sentido, la doctrina constitucional no ha dejado lugar a dudas: la intervención de las comunicaciones en el ámbito penitenciario debe ser una medida de carácter individualizado y excepcional (STC núm. 170/1997). Luego, no cabe su adopción respecto de un tipo de comunicaciones para todos los internos presentes y futuros (STC núm. 169/2003). Su consideración como una medida de carácter excepcional impide por tanto que la misma se acuerde de manera sistemática y automática para un sector de la población penitenciaria por el mero hecho de su clasificación en un concreto grado de tratamiento[67].

---

ción fundada y proporcionada". Vid. también las SSTC núms. 170/1997 y 58/1998.

66 Si bien el estudio de campo revela que no es una medida que se acuerde de manera sistemática, sin embargo, los datos sí que revelan que su concesión y autorización por el juez de vigilancia penitenciaria sí que se producen de forma ciertamente rutinaria. De ahí que 100% de los casos, tras la dación de cuentas, la intervención resulte autorizada.

67 Sobre este particular la STC núm. 175/1997, excluyó la posibilidad de adopción automática y sistemática en relación con los reclusos con el régimen FIES-1. Con anterioridad el Tribunal Constitucional en su Sentencia núm. 170/1996 ya aclaraba que no cabe la adopción de esta medida como una consecuencia de la aplicación del primer grado penitenciario del art. 10 de la LOGP.

Se trata de paliar los riesgos en los que se podría incurrir de confundirse la naturaleza de la medida contemplada en el art. 51.5 de la LOPGP. De un lado, el que la interceptación de las comunicaciones se acuerde como medida de seguridad o tratamiento en el ámbito penitenciario, cuando su regulación no genera duda alguna sobre su carácter preventivo, regimental y excepcional (STC núm. 170/1996). De otro, impedir que se equipare la concreta peligrosidad que corresponde a los internos de una determinada clasificación penitenciaria con un riesgo *per se* para la seguridad o el buen orden del establecimiento, que posibilite acordar legítimamente la medida[68]. Se trata de evitar que la interceptación sea acordada para combatir la peligrosidad de los internos, para mantener el orden y/o la seguridad de los centros penitenciarios en general.

Por todo ello, la medida podrá entenderse como excepcional siempre que se acuerde en atención, como veremos más adelante, a las concretas circunstancias que concurran en el caso y/o en el interno. La motivación permitirá precisamente comprobar si la interceptación se está usando como un medio más de control y vigilancia de los internos, como si se tratase de una medida parangonable a la observación, los recuentos, registros y cacheos, conculcando su carácter excepcional[69].

2.2.2. La idoneidad, la necesidad y la proporcionalidad

El Tribunal Constitucional ha extendido la garantía del principio de proporcionalidad —prolijamente tratada en materia de interceptación de las comunicaciones como diligencia de investigación— a toda injerencia en materia de derechos fundamentales y, por ende,

---

68 Esto no significa tampoco que como advierte acertadamente MARTÍNEZ ESCAMILLA, M. (*La suspensión e intervención...*, cit., pág. 74): «pueda suceder que, en el caso concreto, las razones que determinan la clasificación en primer grado hagan necesaria también la intervención de las comunicaciones, pero esto es una cuestión diferente y, sobre todo, excepcional».

69 Si no cabe su consideración como medio de control y vigilancia de los internos, tampoco desde luego cabe acordarla como sanción disciplinaria, cfr. a este respecto la STC núm. 141/1999.

a la interceptación del secreto de las comunicaciones en el ámbito penitenciario[70]. Pese a que ni en la ley penitenciaria ni en su reglamento de desarrollo se hace mención alguna a la concurrencia al triple juicio de proporcionalidad, el Tribunal Constitucional, en su Sentencia núm. 207/1996, ha disipado cualquier duda que al respecto hubiera podido plantearse al afirmar que: "Según doctrina reiterada de este Tribunal, una exigencia común y constante para la constitucionalidad de cualquier medida restrictiva de derechos fundamentales (por todas, STC núm. 56/1996), entre ellas las que supongan una injerencia en los derechos a la integridad física y a la intimidad (por todas, SSTC núms. 120/1990, 7/1994 y 143/1994) [...] viene determinada por la estricta observancia del principio de proporcionalidad".

La jurisprudencia constitucional es rigurosísima al exigir que toda medida restrictiva de un derecho fundamental —con mayor intensidad si es adoptada en el curso de un proceso penal, por tanto, también en el caso de los internos—, cumpla con el juicio de proporcionalidad, que requerirá que la medida resulte idónea, necesaria y proporcionada[71].

---

70 Ya en la en la STC núm. 49/1999, se afirmaba que: "[...] desde nuestras primeras resoluciones (STC núm. 62/1982) hasta las más recientes (especialmente SSTC núms. 55/1996 y 161/1997) hemos consagrado el principio de proporcionalidad como un principio general que puede inferirse a través de diversos preceptos constitucionales... y que, en el ámbito de los derechos fundamentales constituye una regla de interpretación que, por su mismo contenido, se erige en límite de toda injerencia estatal en los mismos, incorporando incluso frente a la ley exigencias positivas y negativas". En relación con la interceptación de las comunicaciones en el centro penitenciario, vid. por todas la STC núm. 169/2003.

71 En relación con los requisitos de idoneidad, proporcionalidad y necesidad en relación con la diligencia de investigación de la interceptación de las comunicaciones puede verse por todas la STC núm. 207/1996. En el mismo sentido vid. también las SSTC núms. 173/2011 y 115/2013. La exigencia de estos presupuestos para la afectación del secreto de las comunicaciones en el ámbito penitenciario puede verse, entre otras muchas, las SSTC núms. 175/1997 y 200/1997.

En primer lugar, para que pueda aseverarse que la interceptación de las comunicaciones resulta idónea habrá de haberse valorado como la medida más adecuada y útil a los fines perseguidos —seguridad, orden del establecimiento o buen tratamiento del interno— en el caso concreto.

En segundo término, la interceptación de las comunicaciones y consiguientemente la injerencia en el derecho al secreto de las comunicaciones habrá de apreciarse como la medida menos gravosa o la más moderada de las que pueden adoptarse para la consecución del fin legítimo. En esto consistiría el juicio de necesidad o subsidiariedad. Por ello, el requisito de la necesidad se considera satisfecho cuando no concurren en el caso concreto otras medidas menos gravosas que resulten de igual utilidad para la consecución de los fines perseguidos o se dificulte sustancialmente la consecución de estos fines sin su adopción[72].

Finalmente, para cumplir con el juicio de proporcionalidad en sentido estricto la adopción de la medida debe ser el resultado óptimo de la ponderación que debe realizarse entre, de un lado, las ventajas y beneficios para el fin perseguido y, de otro, los perjuicios que sobre el derecho fundamental afectado se producen. De manera que su adopción implique más beneficios o ventajas para el interés general que perjuicios sobre el derecho en conflicto [73].

La motivación constituiría el medio a través del cual se garantizará la adecuación de la medida a estas exigencias jurisprudenciales, "sin ella, el recluso que ve limitado el ejercicio de su derecho desconoce la razón de esa restricción y los órganos jurisdiccionales encargados de efectuar el control relativo a la necesidad, idoneidad y proporcionalidad de la medida carecen de los datos indispensables para llevar

---

72 MARTÍNEZ ESCAMILLA, M., La suspensión e intervención de las comunicaciones del preso, Madrid, 2000, pág. 23.

73 Luego, la proporcionalidad significa que el sacrificio del derecho habrá de reportar mayores beneficios al interés general que desventajas o perjuicios al derecho afectado. Cfr. MARTÍNEZ ESCAMILLA, M., *La suspensión e intervención...*, cit., pág. 76. Vid. También a este respecto las SSTC núms. 56/2003, de 24 de marzo; 207/1996, de 16 de diciembre y 70/2002, de 3 de abril.

a cabo esta tarea" (STC núm. 200/1997). La motivación del acuerdo administrativo es precisamente el elemento que permite comprobar que la intervención, en cada caso concreto, constituye una medida adecuada, necesaria y proporcional, garantizando así que la afectación del derecho fundamental es legítima.

Sin embargo, el Tribunal Constitucional no ha considerado que la garantía de la motivación tuviese que extenderse a todos y cada uno de estos requisitos. Muy al contrario, ha entendido que el acuerdo administrativo no hace falta que explicite este triple juicio[74]. Si bien su explicitación no es precisa, debe al menos poder lograr la comprobación de los tres juicios: el de idoneidad, el de necesidad y el de proporcionalidad (STC núm. 175/1997).

La concurrencia de estos elementos que habrán de tenerse en cuenta para la adopción y consecuentemente motivación de la medida nos permitirá apreciar la existencia en el caso concreto de un conflicto de intereses. De un lado, la seguridad, el buen orden del establecimiento o el interés del tratamiento y de otro, el disfrute del derecho fundamental al secreto de las comunicaciones en el centro penitenciario. Pero sobre todo lo que favorecerá será conocer cómo se ha resuelto ese conflicto. Sólo la motivación permite apreciar si el conflicto de intereses ha sido correctamente resuelto, pues para el supuesto concreto las razones que se exponen para la limitación no resultan ni inadecuadas, ni innecesarias ni excesivas[75]. Por otra parte, deberá tenerse en consideración que la afectación del derecho de las comunicaciones para el interno se encuentra amparada por lo dispuesto en el art. 25.2 de la CE y en las previsiones contenidas en la legislación penitenciaria. Pero además, cuando la afectación tenga que ver con las comunicaciones con el exterior, no puede perderse de vista que también se afecta el derecho al secreto de personas en libertad que, en principio, sólo tendría cabida por resolución judicial, tal y como se prevé en el art. 18.3 de la CE.

---

74 Vid. las SSTC núms. 200/1997, 106/2001, 192/2002 y 194/2002.

75 MARTÍNEZ ESCAMILLA, M., *La suspensión e intervención...*, cit., pág. 67.

2.2.3. La limitación temporal

La ley nada establece respecto al tiempo durante el cual la intervención de las comunicaciones puede adoptarse legítimamente. El Tribunal Constitucional para aclarar este extremo exige la determinación del periodo temporal de la vigencia de la medida[76]. Se considera que se lesiona el derecho fundamental al secreto de las comunicaciones si se mantiene por más tiempo del estrictamente necesario para la consecución del fin que se persigue[77]. En este sentido, de la lectura conjunta de los arts. 51 y 10.3 de la LOGP y el art. 41 y ss. del RP se deduce la exigencia del levantamiento de la intervención en el momento en que deje de ser necesaria por cesación o reducción de las circunstancias que la justificaron, dado que se justifica exclusivamente como medida imprescindible por razones de seguridad, buen orden del establecimiento o interés del tratamiento.

Por todo ello, el Tribunal Constitucional ha venido exigiendo que, al adoptarse la medida de intervención de las comunicaciones, se determine el período de su vigencia temporal, aunque para ello no sea estrictamente necesario fijar una fecha concreta de finalización, sino que ésta puede hacerse depender de la desaparición de la condición o circunstancia concreta que justifica la intervención.

De hecho, la doctrina constitucional considera que las resoluciones judiciales que autorizan la restricción de determinados derechos fundamentales no pueden contemplar unos límites o plazos temporales tan amplios que constituyan "una intromisión en la esfera de la vida privada de la persona" (STC núm. 207/1996) o una suerte de suspensión individualizada de este derecho fundamental (STC

---

76 En la STC núm. 192/2002, se dispone que: "En cuanto a los requisitos que deben de cumplir los acuerdos o medidas de intervención de las comunicaciones genéricas, junto a la exigencia de motivación y de dar cuenta a la autoridad judicial competente que impone el art. 51.5 LOGP, así como la de notificación al interno afectado que establecen los arts. 43.1 y 46.5 RP de 1996, este Tribunal Constitucional ha añadido la necesidad de preestablecer un límite temporal a la medida de intervención" Cfr. en este mismo sentido, las SSTC núms. 128/1997; 175/1997; 200/1997; 188/1999; 175/2000 y 194/2002.

77 Vid. entre otras, las SSTC núms. 206/1991 y 41/1996.

núm. 50/1995). Por ello, el plazo o límite temporal de la intervención será uno de los extremos que deben hacerse constar en el auto que autorice o convalide la interceptación de las comunicaciones[78]. No podría hablarse de proporcionalidad de la afectación del derecho fundamental "pues la adopción de una medida de este tipo *sine die* no es capaz, por lo general, de justificar su idoneidad para el fin perseguido"[79].

No obstante, se ha considerado que, para determinar la vigencia de la medida, no es estrictamente necesario concretar una fecha fija de finalización, sino que puede hacerse depender su finalización de la desaparición de la circunstancia concreta que la motivó[80]. Luego, aunque no se exige por la doctrina constitucional que el plazo deba estar fijado se advierte que no estableciéndose plazo la misma habrá de levantarse cuando desaparezcan las circunstancias que la motivaron y, en consecuencia, ya no resulte necesaria[81]. Esta interpretación de nuestro más alto tribunal, de no ser entendida de modo restrictivo, podría hacer superfluo el requisito temporal pues dado que la razón por la que se adopta la medida es un requisito indispensable, podría entenderse que su alusión ya hace innecesaria la limitación temporal, entendiéndose que cuando aquélla cese, cesará la medida.

Habiendo sido el propio Tribunal Constitucional el que estableció la necesidad de limitar temporalmente la medida, sólo deberíamos entender cumplido este requisito —aún no fijándose un plazo expresamente—, cuando en el acuerdo se precise que no se establecerá un plazo de duración, sino que éste se sustituirá por la eventual —y en principio desconocida—, fecha de desaparición de la circunstancia que lo motivó. Sólo expresando que esto es así, se evita entender implícita la limitación temporal con la mera alusión a la causa moti-

---

78 Cfr. las SSTC núms. 25/2011, 261/2005 y 219/2009.

79 Vid. las SSTC núms. 170/1996, 128/1997, 175/1997, 200/1997, 106/2001, 192/2002 y 193/2002.

80 Así puede leerse en la STC núm. 200/1997, que "son válidos, en determinadas circunstancias, los acuerdos que sustituyen la fijación del plazo o la fecha final por la especificación de esa circunstancia, cuya desaparición pondría de manifiesto que la medida habría dejado de ser necesaria".

81 En este sentido, vid las SSTC núms. 170/1996; 141/1997, 175/1997; 200/1997; 106/2001, 192/2002, 193/2002 y 194/2002.

vadora de la intervención. Además, sólo el establecimiento de la limitación temporal permite que justificaciones de carácter atemporal —como veremos más adelante—, como pueden serlo la pertenencia a una determinada modalidad o régimen de vida, no son suficientes como razón la afectación del derecho fundamental[82].

En cuanto las posibilidades de ampliación de la medida a través de prórrogas, el Tribunal Constitucional ha considerado válida no sólo la posibilidad de prórroga, sino también su motivación por remisión a la resolución anterior[83]. En cuanto a la posibilidad de prórroga, esto no puede significar la exención del control judicial, pues la jurisprudencia ha considerado que una prórroga acordada de forma automática —sin un efectivo control jurisdiccional—, puede menoscabar el derecho a la inviolabilidad de las comunicaciones contemplado en el art. 18.3 de la CE[84].

En lo relativo a la motivación, resulta sumamente cuestionable pensar que una medida de carácter excepcional, que no olvidemos restringe un derecho fundamental, puede ser prorrogada en el tiempo sin aportar razonamiento alguno, ni tan siquiera la alusión a la subsistencia de las circunstancias a las que se remite. Es cierto que, tal y como se expone en la STS núm. 636/2012, de 13 de julio, "la propia significación gramatical del término prorrogar, evoca la idea

---

82 CASTRO ANTONIO, J.L., "Comentario a los arts. 47 a 58 de la LOGP" *en Ley General Penitenciaria: comentarios, jurisprudencia, doctrina, concordancias*, coord. Bueno Arús, F., Madrid, 2010, pág. 495.

83 Debe advertirse no obstante que la motivación por remisión es "una técnica jurisdiccional no modélica" pues "la autorización habilitante de la injerencia en el derecho a la inviolabilidad de las comunicaciones debería ser autosuficiente, sin necesidad de complemento argumental ajeno" (Cfr. STS núm. 636/2012, de 13 de julio). De hecho, tampoco se considera incumplido el requisito de la motivación por el mero empleo de modelos o impresos en la resolución, siempre y cuando su contenido permita satisfacer las exigencias del art. 120.3 de la CE. Es difícil imaginar según qué tipo de impresos o formularios que pueden contener los elementos necesarios para considerar satisfechas las exigencias para que, a posteriori, se pueda llevar a cabo la ponderación de la restricción de derechos fundamentales que la proporcionalidad de la intervención precisa (cfr. las SSTC núms. 166/1999 y 171/1999).

84 Cfr. la STS núm. 598/2008, 3 de octubre.

de continuar, extender algo por un tiempo determinado. De ahí que la exigencia de una renovada motivación fáctica en todas y cada una de las resoluciones que acuerdan la prórroga, supone desconocer esta idea. En efecto, se prorroga aquello que ya ha sido objeto de decisión previa. Es esa primera resolución la que exige, siempre y en todo caso, la concurrencia de razones y sospechas debidamente razonadas. En las sucesivas resoluciones la legitimidad constitucional de la medida exigirá que el control judicial siga siendo efectivo, pero no que se expresen renovados presupuestos fácticos que, por definición, pueden ser los mismos que los que motivaron la inicial autorización de la injerencia". Pese a ello, consideramos que la prórroga de una medida de esta naturaleza precisaría al menos contar siquiera con una sucinta motivación en la que se hiciese constar que siguen concurriendo las circunstancias que, en su día, motivaron la intervención y una explicación de los hechos que revelan que persisten tales circunstancias. De no exigirse una cierta motivación de las prórrogas el límite temporal sería eludido fácilmente pues el control efectivo de la ampliación de los plazos impediría su control, que podría desviarse de su razón originaria para ser empleado como medio de control o de castigo[85]. En todo caso, sin motivación no puede comprobarse ni a efectos del derecho de defensa ni del control judicial si en cada momento en que se decide mantener en vigor la medida, ésta resulta igualmente adecuada, necesaria y proporcionada como en su origen. Si la medida es excepcional sólo cabe concebir su extensión en el tiempo de manera motivada.

---

85 Tal y como sostiene la doctrina constitucional, las exigencias de motivación deben ser igualmente observadas en cada una de las prórrogas que sean acordadas a partir de datos obtenidos en una primera intervención, debiendo explicitarse las razones que legitiman la continuidad de la restricción del derecho fundamental. Incluso en el caso que esa explicitación sólo sea para poner de relieve que persisten las razones que originariamente la motivaron, sin que sea suficiente una remisión tacita o presunta a la inicial (STC núm. 26/2010 y ATC núm. 141/2010).

2.2.4. La motivación del acuerdo administrativo

El art. 51.5 de la LOGP hace expresa referencia a la necesidad de motivación del acuerdo adoptado por el director del centro penitenciario y el art. 43 del RP incide en ello. No obstante, aunque la legislación penitenciaria guardase silencio sobre este extremo, en virtud de la legislación administrativa se impondría la necesidad de motivación. Los actos administrativos que limitan derechos subjetivos y que se dictan en ejercicio de una potestad discrecional precisan de motivación (art. 35.1, apartados a) e i) de la LPAC). Estas cautelas no son sino manifestación del principio constitucional de interdicción de la arbitrariedad de los poderes públicos (art. 9.3 CE)[86]. Así lo ha considerado también el Tribunal Constitucional, para quien de no existir la previsión legal de la motivación requerida por el art. 51.5 de la LOGP, ésta podría inferirse directamente de la propia Constitución, pues su ausencia o insuficiencia comportaría la lesión del derecho fundamental al secreto de las comunicaciones[87].

El Tribunal Constitucional no alberga duda sobre el hecho de que la motivación, en el caso de interceptación de las comunicaciones de los internos, es un "elemento imprescindible" para la garantía del derecho fundamental[88]. Como se ha venido destacando el hecho de que el interno sea considerado titular pleno de todos aquellos derechos que no le hayan sido limitados, no puede hacernos desconocer la especial situación en la que se halla. En primer lugar, debe tenerse presente que la afectación del derecho fundamental al secreto de las comunicaciones se lleva a cabo respecto de un sujeto que ya se

---

86 Sobre este particular cfr. DESDENTADO DAROCA, E., "La motivación de los actos administrativos y su control. Reflexiones críticas sobre las últimas orientaciones", *Revista Vasca de Administración Pública*, núm. 84, 2009, pág. 86.

87 Vid. las SSTC núms. 170/1996, 128/1997, 175/1997, 200/1997, 141/1999, 106/2001, 192/2002, 193/2002 y 194/2002.

88 Vid. la STC núm. 170/1996. La exigencia de motivación cualificada es explicada en aras al respeto del derecho de defensa del sujeto pasivo de la medida, pues la defensa no se podrá desplegar en el momento de adopción de la medida sino tras su adopción. De ahí la importancia de la motivación para el ejercicio efectivo del derecho de defensa. (Cfr. las SSTC núms. 26/2010, 72/2010, 197/2009 y 167/2002.

encuentra privado de libertad. Esto supone, de un lado que ya de partida se encuentra en una situación de mayor vulnerabilidad e indefensión. De otro lado, la afectación del secreto de sus comunicaciones le coloca en una posición de mayor aislamiento. Además, no debiera perderse de vista el hecho de que la restricción del derecho fundamental se enmarca en el desarrollo de un procedimiento judicial, en la fase de ejecución si se trata de un penado, en la fase de investigación si de un preventivo se tratase.

Quizás todas estas razones permitan explicar por qué tanto la jurisprudencia como la doctrina han considerado necesario extender los requisitos de motivación de las resoluciones judiciales que acuerdan la interceptación de las comunicaciones como diligencia de investigación a la motivación de esta resolución administrativa[89]. De hecho, gráficamente se ha llegado a decir que la resolución del director del centro penitenciario debe estar "especialmente motivada"[90].

El hecho es que, lejos de recibir un tratamiento más propio de lo que es puramente un acto administrativo, las exigencias jurisprudenciales son sumamente rigurosas y tal vez esto también tenga algo que ver con la previsión de la intervención judicial como una dación de cuentas, pese a tratarse de una actuación que incide en un derecho fundamental.

---

[89] En relación con este extremo vid por todos, ELVIRA PERALES, A., *Derecho al secreto de las comunicaciones,* op. cit., pág. 50.

[90] ALONSO PÉREZ, F., "Intervención de las comunicaciones en el ámbito penitenciario", *La Ley,* núm. 4, 2001, pág. 1487. Para un sector de la doctrina, la motivación es crucial en los actos administrativos, pues a través de la misma lo que se pretende es dar satisfacción a la justicia administrativa con anterioridad a la interposición de los recursos por los afectados. Por ello, se considera que la motivación es un requisito no sólo de forma sino también de fondo pues a través de ésta se consigue dar satisfacción al derecho a la tutela judicial efectiva. La ausencia o insuficiencia de motivación podría conllevar la nulidad del acto administrativo si se tratase de actos que afectan derechos fundamentales como es el caso. Sobre estos extremos, véase ALEMANY GARCÍAS, J., *La motivación del acto administrativo como garantía básica de la justicia administrativa,* Base de Datos Tirant on line, TOL5.737.301, 2016.

Nos encontramos ante un acto administrativo *sui generis*, cuya adopción y garantías deben extremarse toda vez que, las razones de orden y seguridad que justifican la limitación del secreto de las comunicaciones se acuerdan respecto de una persona privada de libertad, cuyo potencial riesgo al menos en principio parece inferior al del sujeto que disfruta plenamente de la libertad. Además, quien valora el riesgo y afecta el derecho fundamental es precisamente la Administración penitenciaria, llamada a velar por la organización y desarrollo de los servicios de vigilancia y la ordenación de la convivencia interior en los establecimientos (art. 77 LOGP). Parece pues, que la situación que ostenta la Administración penitenciara no reviste esas notas de objetividad e imparcialidad que sí concurren en la autoridad judicial cuando adopta como diligencia de investigación la interceptación de las comunicaciones. Por ello, con mayor intensidad si cabe, podría decirse que la motivación es una garantía del derecho fundamental afectado pues hace posible la comprobación de que se dan las razones que justifican la adopción de la medida, o que perduran las que en su día la justificaron. Se trata del "único medio para constatar que la ya tan drásticamente limitada esfera jurídica del ciudadano interno en un centro penitenciario no se restringe o menoscaba de forma innecesaria, inadecuada o excesiva"[91].

A) La motivación como requisito de transparencia en la actuación de la autoridad administrativa y como presupuesto para su control por la autoridad judicial

La motivación es un elemento capital de toda decisión que implique la afectación o limitación de un derecho fundamental. Pero cobra especial relevancia cuando la decisión debe poder ser sometida al control jurisdiccional[92]. Éste es precisamente el supuesto de los arts. 51.5 de la LOPGP y del 43.1 del RG, pues dar cuenta a la autoridad judicial no consiste meramente en una actuación de comunicación para que la decisión administrativa sea conocida por ésta —lo que

---

91 Cfr. entre otras muchas, las SSTC núms. 170/1996, 128/1997, 175/1997, 200/1997, 106/2001, 192/2002, 193/2002 y 194/2002.

92 Vid. las núms. SSTC núms. 200/1996 y 75/1997.

carecería de toda utilidad—. Por el contrario, tal y como ha interpretado el Tribunal Constitucional, la dación de cuentas se prevé precisamente para el ejercicio de un verdadero control jurisdiccional de la medida, que si bien se efectúa a *posteriori*, no debiera ser irrelevante[93]. De hecho, tal y como se asevera tanto por la doctrina[94] como por la jurisprudencia[95], en estos supuestos la supervisión judicial adquiere especial importancia pues las personas que se encuentran privadas de libertad se les "rebaja" la garantía jurisdiccional de la protección de su derecho al secreto de las comunicaciones[96].

B) La motivación como presupuesto para el ejercicio del derecho de defensa

La motivación es también precisa para el ejercicio efectivo del derecho de defensa. A los órganos judiciales se les requiere para que motiven sus resoluciones judiciales y así poder conocer las razones que llevaron a adoptar tales decisiones, posibilitando de este modo y, en su caso, la interposición de recursos para el control eventual del asunto por otro órgano judicial. Parece lógico por tanto que la exigencia de motivación opere también respecto de las resoluciones administrativas que conllevan la limitación de derechos fundamentales, pues la motivación cobra un carácter instrumental respecto al derecho de defensa. Sólo teniendo conocimiento de las razones que fundamentan la decisión de la Administración penitenciaria ésta podrá ser cuestionada, contra argumentada y en su caso combatida

---

93 SSTC núms. 175/1997, 200/1997, 106/2001 y 194/2002.

94 Por todos, REVIRIEGO PICÓN, F., "El secreto de las comunicaciones…", op. cit., pág. 575 y MARTÍNEZ ESCAMILLA, M., *La suspensión e intervención…*, cit., pág. 66.

95 Cfr. la STC núm. 141/1999.

96 Son numerosas las voces que se han alzado para denunciar la supresión de la garantía de la intervención judicial previa prevista en el art. 18.3 de la CE por parte del art. 51.5 de la LOGP. Se ha considerado incluso inconstitucional porque supone un sacrificio del derecho "de una intensidad innecesaria y gratuita". Cfr. MARTÍNEZ ESCAMILLA, M., *La suspensión e intervención…*, cit., pág. 95. De la misma opinión, REVIRIEGO PICÓN, F., "El secreto de las comunicaciones…", op. cit., pág. 577.

mediante el sistema de recursos[97]. De ahí que, como expone REVIRIEGO PICÓN "alegar de manera genérica los conceptos jurídicos indeterminados de la ley es convertirlos en criterios que pueden justificar cualquier arbitrariedad y que, además, resultan inatacables para el afectado porque coinciden con el tenor de la ley"[98].

Por tanto, las denominadas motivaciones formularias no permiten cumplir con las garantías legales ni constitucionales. Al limitarse a ofrecer una mera justificación basada en la mención legal y no pormenorizar las razones particulares de seguridad, de tratamiento o de orden que justifican la intervención, no permiten realizar el triple juicio de idoneidad, necesidad y proporcionalidad. No se puede hallar en ellas ni las circunstancias concretas del caso ni del interno, ni su puesta en relación con la concreta finalidad perseguida.

En consecuencia, dichas motivaciones no pueden considerarse suficientes para considerar que la intervención sea legítima, pues ni posibilitan al afectado defenderse e impugnar las razones ni permiten su posterior control judicial. Por ello, resulta tan preocupante el hecho de que conforme a los datos del estudio de campo el 70% de las intervenciones a internos en el ámbito del Juzgado Central de Vigilancia Penitenciaria sólo contuviesen una motivación aparente o formularia.

C) El alcance y extensión del deber de motivar

c.1) En relación con la finalidad

El acuerdo administrativo habrá de explicitar la finalidad concreta que se perseguía a través de la adopción de la medida, pero la alusión a la finalidad legalmente prevista no será suficiente por

---

97 MARTÍNEZ ESCAMILLA, M., *La suspensión e intervención...*, cit., pág. 68, respecto de la motivación del acuerdo de intervención de las comunicaciones a los presos y HUERGO LORA, A., "*La motivación de los actos administrativos y la aportación de nuevos motivos en el proceso contencioso-administrativo*", *Revista de Administración Pública*, núm. 145, 1998, págs. 102 y 106, respecto de la motivación de los actos administrativos en general.

98 "España: Centros penitenciarios...", cit., pág. 223.

sí misma. Deberán especificarse las concretas razones que han llevado a su adopción. La motivación habrá de hacer referencia por consiguiente a los concretos peligros que se consideren pueden perjudicar el buen orden y la seguridad del centro penitenciario (STC núm. 175/1997). Esto significa que no pueden entenderse como válidas las motivaciones basadas en escuetas referencias a motivos genérico de seguridad.

Si bien de manera teórica y con carácter general la seguridad y el buen orden del establecimiento son razones suficientes para restringir o limitar el secreto de las comunicaciones, concretar las circunstancias que concurren en el caso es la única forma de evitar que la medida se convierta en una suerte de instrumento preventivo o en un medio de control del interno, lo que sería contrario a todo criterio de necesidad y proporcionalidad máxime tratándose de un centro penitenciario[99]. Este riesgo ha sido advertido por CASTRO ANTONIO[100] para quien efectivamente el control del recluso puede entenderse como causa que responde a razones de seguridad general, pero éstas no bastan para justificar la medida del art. 51.5 de la LOGP, sino que como se ha dicho es necesario "que existan razones concretas de seguridad".

En cuanto al tratamiento del interno, se ha justificado en ocasiones en la necesidad de obtener un mejor conocimiento sobre el recluso, lo que podría guardar relación con sus posibilidades de tratamiento, pero se trata de una razón que sólo puede acogerse con muchas cautelas y en todo caso siempre que la misma no se prolongue demasiado en el tiempo[101]. En estos casos, se precisa además el informe previo de la Junta de Tratamiento, lo que supone una mayor garantía sobre la evaluación de la necesidad y adecuación de la medida (art. 43.1 RP).

---

99 Sobre este particular vid. REVIRIEGO PICÓN, F., *Los derechos de los reclusos...*, cit. pág. 103 y MARTÍNEZ ESCAMILLA, M., La suspensión e intervención..., cit., pág. 61.

100 Vid. Ley general penitenciaria..., cit., pág. 495.

101 CASTRO ANTONIO, J.L., "Comentario a los arts. 47 a 58 de la LOGP", cit., pág. 495.

c.2) En relación con las circunstancias del caso y el interno

La motivación también habrá de alcanzar la exposición de las circunstancias concretas del caso y del interno que aconsejaron la adopción de la medida, exponiendo el modo en que la misma resultará útil, en relación con tales circunstancias, para conseguir la finalidad pretendida[102].

Se ha considerado que son circunstancias que justificarían la interceptación de las comunicaciones su empleo para fines como: i) la preparación de una fuga; ii) la introducción de drogas u objetos prohibidos en el centro para traficar con ellos; iii) la transmisión de consignas entre internos de diferentes centros o departamentos para provocar desórdenes colectivos; o iv) transmitir información para preparar un atentado contra el establecimiento o sus funcionarios[103].

Además, debe tratarse de circunstancias individualizadas, particulares del recluso y del centro en relación con los que se adopta (STC núm. 170/1997), pues como se expuso al tratar de su naturaleza excepcional no cabe su automatización ni para una categoría de reclusos ni para un determinado régimen de tratamiento. Para huir precisamente de ese riesgo la jurisprudencia exige que en cada caso concreto se exponga por qué se considera peligroso al interno mediante un relato de hechos acontecidos o, en su caso, a través de una previsión razonable tanto de los hechos como de los riesgos que permitirían fundamentar la intervención de las comunicaciones frente a un eventual atentado contra la seguridad, el orden o el tratamiento (STC núm. 175/1997). En todo caso, la "capacidad criminal" o la "peligrosidad" si no se sustentan en hechos ciertos o se infieren concretos riesgos no son sino conceptos jurídicos indeterminados frente a los cuales resulta sumamente complejo defenderse[104].

---

102 Cfr. las SSTC núms. 200/1997, 106/2001, 192/2002, 193/2002 y 194/2002.

103 Entre la doctrina vid. MARTÍNEZ ESCAMILLA, M., *La suspensión e intervención...*, cit., pág. 83 y REVIRIEGO PICÓN, F., *Los derechos de los reclusos...*, supra cit., pág. 104. Vid también la STC núm. 169/2003.

104 RÍOS MARTÍN, J.C., et alii, Manual de ejecución penitenciaria: defenderse de la cárcel, Madrid, 2016, pág. 408.

Al hablar de la excepcionalidad advertíamos que la pertenencia a un sector de la población reclusa en atención a su clasificación no debiera posibilitar la automatización de la medida. Sin embargo, en el caso de los presos pertenecientes a la banda terrorista ETA, el Tribunal Constitucional hizo una interpretación difícil de encajar con la excepcionalidad de esta medida, permitiendo su adopción automática para determinados tipos delictivos. Así, el Tribunal Constitucional precisaba que "individualizar no significa necesariamente destacar rasgos que concurren exclusivamente en el recluso afectado", siendo válida la adopción que alude a rasgos que son comunes a todos los que pertenecen a un mismo colectivo. De manera que, individualizando la característica común que justifica la adopción de la medida la interceptación sería válida[105].

En este sentido podía leerse en la STC núm. 200/1997 que, aunque "no basta con referirse a la pertenencia a un grupo, a una organización o a un tipo de reclusos clasificados en función del tratamiento penitenciario que requieren, puesto que estos colectivos pueden tener múltiples características genéricas relacionadas con una hipotética justificación de una medida de intervención, sino que debe concretarse cuál de esas características comunes a todos los miembros del grupo es la que justifica la intervención respecto a uno de sus componentes". De este modo, la pertenencia a ETA ha sido considerada como una causa suficiente para la interceptación de las comunicaciones[106].

La contrariedad aquí no se encuentra tanto en que se aduzca una característica que concurre en un grupo de personas como causa de la intervención, sino en que esa razón común, la pertenencia a la banda terrorista ETA, fuese suficiente para justificar la medida. Ser miembro de ETA era la causa por la cual la persona se hallaba interna, pero la simple mención al tipo de delictivo cometido o presun-

---

105 "La individualización de las circunstancias del caso e incluso de la persona del recluso no significa que dichas circunstancias deban ser predicables única y exclusivamente del interno objeto de la medida, o que, si se trata de características que concurren en un grupo de personas, no puedan aducirse como causa justificativa de la intervención" (STC núm. 200/1997).

106 Vid. las SSTC núms.141/1999, 192/2002, 193/2002 y 194/2002.

tamente cometido no debiera tener por sí misma entidad para justificar la restricción del derecho al secreto de las comunicaciones. El Tribunal Constitucional consideraba que la pertenencia a ETA comportaba un auténtico conflicto entre la seguridad del centro y el secreto de las comunicaciones, pues se apreciaba un riesgo concreto y fundado en las informaciones que los internos podían transmitir y recibir del exterior[107]. Ese riesgo objetivo se fundamentaba en el hecho cierto de que en su día los centros penitenciarios y sus funcionarios eran objetivo de ETA y en la falta de arrepentimiento de los presos, lo que fácilmente conducía a pensar que continuaban colaborando con la organización y que, consiguientemente, las comunicaciones las emplearían para transmitir información sobre el centro y sus trabajadores. No obstante, la pertenencia a una determinada organización criminal o la comisión de un tipo concreto de delito no debiera posibilitar por sí misma la intervención de las comunicaciones, salvo que datos suficientemente representativos pudiesen hacer concluir con cierto grado de confianza que la organización o ese colectivo de criminales emplea las comunicaciones en detrimento de la seguridad u orden del establecimiento[108].

---

107 En este sentido, podía leerse en la STC núm. 106/200, que "es de general conocimiento que la organización a la que pertenece el demandante de amparo es especialmente peligrosa para la seguridad del centro penitenciario, ya que en numerosas ocasiones ha atentado contra la seguridad de las prisiones y la vida y la libertad de sus funcionarios y trabajadores [...] por lo que no se justifica la intervención por el tipo de delito cometido, ni por la pertenencia a un grupo delictivo, ni siquiera por la pertenencia a un grupo terrorista, sino, más concretamente, porque ese grupo ha llevado y continúa llevando a cabo acciones concretas que efectivamente ponen en peligro la seguridad y el orden en los centros". En este mismo sentido, vid las SSTC núms. 200/1997, 192/2002 y 194/2002.

108 Sobre este extremo tal y como ponía de relieve MARTÍNEZ ESCAMILLA, M., *La suspensión e intervención...*, cit., pág. 81, "necesitamos contar con datos veraces y reales para convertir, a través de este tipo de razonamiento, la pertenencia a una organización terrorista en un dato objetivo que permita suponer que el interno que pertenece a la misma utiliza sus comunicaciones con el exterior para transmitir una información que pueda perjudicar la seguridad del establecimiento".

Si hace años quizá los datos objetivos permitiesen al Tribunal Constitucional sostener esta doctrina, quizá hoy esa generalización y objetivación del riesgo resultaría más compleja y peligrosa, pues esta organización criminal en la actualidad ya no "continúa llevando a cabo acciones que ponen en peligro la seguridad y el orden de los centros" (STC núm. 106/2001). Luego, si el riesgo ya no es tan frecuente como en otro tiempo, quizá sea necesario en nuestros días realizar una individualización en sentido estricto para cada caso y huir de este tipo de construcciones.

Finalmente, debe advertirse que el Tribunal Constitucional ha considerado en algunas ocasiones que la motivación "puede completarse con datos que, de forma clara y manifiesta, estén en el contexto en el que se ha dictado el acuerdo"[109]. Esta forma de integración de la motivación por referencias contextuales para salvar los déficits de motivación resulta sumamente cuestionable. En todo caso, lo que no cabrá es subsanar la insuficiente motivación con datos y elementos que no apareciesen en modo alguno en la resolución administrativa, ni puedan deducirse del contexto en que aquélla se dictó[110].

En otro orden de cosas, la motivación compuesta de razones que no son suficientes para justificar la medida tiene el mismo efecto que una motivación errónea, inexistente o insuficiente[111]. Si bien la primera podría permitir, en un sentido amplio y vago, el juicio de proporcionalidad de la medida, en los otros dos supuestos se impediría conocer de *facto* si concurren razones que justifiquen la afectación del derecho[112]. En cualquiera de estos casos la jurisprudencia ha con-

---

109 Cfr. las SSTC núms. 200/1997, 141/199, 106/2001 y 193/2002.

110 De la misma manera que cuando la motivación contenida en el acuerdo administrativo resulta insuficiente, su ampliación ulterior en cuanto a las razones o motivos en el escrito que se remite al Juez de Vigilancia Penitenciaria no subsana la falta de motivación inicial, pues el interno no conoce sino el acuerdo que a él se le notificó, que es ante el único que puede reaccionar. Cfr. MARTÍNEZ ESCAMILLA, M., *La suspensión e intervención...*, cit., pág. 77.

111 MARTÍNEZ ESCAMILLA, M., *La suspensión e intervención...*, cit., pág. 68.

112 Como expone ALEMANY GARCÍAS, J., (La motivación del acto administrativo..., cit., pág. 6), la exigencia de motivación lo que pretende no es "sólo obligar a la Administración a exponer sus razones y comunicar a los inte-

siderado no cumplido el requisito de la motivación y, consiguientemente, vulnerado el derecho al secreto de las comunicaciones[113].

2.2.5. El informe previo de la junta de tratamiento

Cuando la interceptación de las comunicaciones se fundamente en el tratamiento será preciso además el informe previo de la Junta de Tratamiento. Si bien el art. 43.1 del Reglamento Penitenciario sólo hace referencia a las comunicaciones orales, parece lógico pensar que este informe también será preceptivo cuando de comunicaciones escritas o telefónicas se trate[114].

2.3. LA COMUNICACIÓN AL INTERNO

El art. 51 de la LOGP no contempla la necesidad de comunicación de la adopción de la medida al interno. La necesidad de comunicación se contempla en el desarrollo reglamentario de la legislación penitenciaria. El art. 43.1 del RP para las comunicaciones orales; la regla 5ª del art. 46 del RP para las comunicaciones escritas y la 7ª regla del art. 46 del RP para el supuesto de correspondencia entre internos, prevén la obligación de notificar la adopción de la medida al interno. Pese a que nada se dice respecto de las comunicaciones telefónicas debe entenderse que, conforme a lo previsto en el art. 40.1 de la LPAC, la Administración penitenciaria que dicta la resolución o el acto administrativo debe notificarlo al interesado cuyo derecho se afecta. No entenderlo así resultaría contradictorio dado que la notificación al interno no obstaculiza los propósitos perseguidos, pues la misma tiene fines preventivos o de tratamiento y no

resados sus razones, sino fundamentalmente a tenerlas y expresarlas como tales".

113 Sobre este aspecto, vid. las SSTC núms. 170/1996, 175/1996, 200/1997 y 169/2003, entre otras.

114 Así lo ha considerado tanto la dogmática como la doctrina constitucional. En este sentido, puede verse por todos, CERVELLÓ DONDERIS, V., *Derecho penitenciario*, supra cit., pág. 302.

de investigación[115]. De ahí, que quede excluida toda posibilidad de interceptación de las comunicaciones de carácter secreto[116]. En todo caso, no cabe duda de que habría resultado deseable que la previsión de notificación al interno estuviese contemplada en la LOGP[117].

Esta comunicación ha sido considerada por el Tribunal Constitucional como una garantía para el interno afectado[118]. La notificación juega un papel instrumental respecto al derecho de defensa, pues sólo el conocimiento de la adopción de la medida y su motivación permiten combatirla a través del ejercicio de los recursos legalmente previstos. Por ello, la notificación al interno habrá de contener además del texto íntegro de la resolución —particularmente los motivos para su adopción—, la expresión del recurso que proceda (reforma y apelación), el órgano ante el que hubiera de presentarse (JVP o JCVP y AP o AN) y el plazo para interponerlo, sin perjuicio de que el interesado pueda ejercitar, en su caso, cualquier otro que estime procedente, conforme a lo dispuesto en el art. 40.2 de la LPAC.

2.4. LA DACIÓN DE CUENTAS AL ÓRGANO JUDICIAL

2.4.1. La garantía jurisdiccional como presupuesto para la afectación de derechos fundamentales

El establecimiento de la intervención del órgano judicial como una mera dación de cuentas para la interceptación de las comunicaciones de los internos constituye una preocupante excepción al principio general de exclusividad jurisdiccional[119]. Se pierde una ga-

---

115 Así, NISTAL MARTÍNEZ, J., "La libertad de las comunicaciones...", cit., pág. 7 y FERNÁNDEZ ARÉVALO, L. y NISTAL BURÓN, J., *Derecho penitenciario*, España, 2016, pág. 790.

116 CERVELLÓ DONDERIS, V., *Derecho penitenciario*, op. cit., pág. 302.

117 MARTÍNEZ ESCAMILLA, M., *La suspensión e intervención...*, cit., pág. 115.

118 Sobre este particular, vid entre otras las SSTC núms. 200/1997, 106/2001, 192/2002, 193/2002 y 194/2002.

119 Para un sector de la doctrina se trata de una disposición dudosa constitucionalidad. En este sentido, puede cfr. REVIRIEGO PICÓN, F., "El secreto de las comunicaciones en los Centros Penitenciarios: comunicaciones es-

rantía constitucional que debe imperar para la restricción o sacrificio de los derechos fundamentales, por tanto, también para el derecho al secreto de las comunicaciones (art. 18.3 CE)[120]. Si partimos del hecho de que los derechos de las personas privadas de libertad no deben sufrir mayores sacrificios que los establecidos en la sentencia condenatoria, resulta sumamente preocupante que —siendo limitadas las posibilidades de comunicación como consecuencia del régimen cerrado al que se encuentran sometidas—, la interceptación de las mismas pueda confiarse a la autoridad administrativa, aminorando así la protección que se dispensa a este derecho cuando de una persona privada de libertad se trata.

La afectación del secreto de las comunicaciones de la persona privada de libertad, como la de cualquier otro ciudadano, debiera ser acordada por un órgano jurisdiccional, independiente al resolver[121]. Ésta es precisamente la construcción llevada a cabo por el constitucionalismo contemporáneo en el que, a la reserva de ley orgánica, se adiciona como garantía la reserva jurisdiccional[122]. Sólo el órgano judicial cuenta con legitimación para llevar a cabo determinadas

---

critas «entre» reclusos", *Boletín de la Facultad de Derecho de la UNED*, núm. 26, 2005, pág. 576 y MARTÍNEZ ESCAMILLA, M., "Derechos fundamentales entre rejas: Algunas reflexiones acerca de los derechos fundamentales en el ámbito penitenciario, al tiempo que un comentario de la jurisprudencia constitucional al respecto", *Anuario de Derecho Penal y Ciencias Penales*, tomo 51, 1998, pág. 257.

120 Sobre este particular cfr. RIVES SEVA, A.P., *La intervención de las comunicaciones en la jurisprudencia penal*, Navarra, 2000, pág. 188 y MAPELLI CAFFARENA, B., "Presupuestos de una política penitenciaria progresista", en *Privaciones de libertad y derechos humanos*, Barcelona, 1986, pág. 191.

121 DE LLERA SUÁREZ-BÁRCENA, E., "El régimen jurídico ordinario de las observaciones telefónicas en el proceso penal", *Poder Judicial*, núm. 3, 1986, pág. 14.

122 Así puede leerse en la STS (Sala de lo Penal) núm. 301/2013, de 18 abril, que: "En nuestro ordenamiento la principal garantía para la validez constitucional de una intervención telefónica es, por disposición constitucional expresa, la exclusividad jurisdiccional de su autorización [...]". Vid sobre este particular LÓPEZ YAGÜES, V., *La inviolabilidad de las comunicaciones con el abogado defensor como garantía del derecho de defensa*, Tesis doctoral, Universitat d'Alacant, 2001, http://rua.ua.es/dspace/handle/10045/4162, págs. 702 y ss.

injerencias en los derechos fundamentales[123]. Luego, parece que lo normal habría sido que se requiriese autorización judicial para acordar la interceptación de las comunicaciones de los internos[124]. De este modo, se haría posible además un control más efectivo de la afectación del derecho fundamental que llevan a cabo órganos dependientes del poder ejecutivo[125].

Esta cuestión precisamente fue una de las escasas materias de debate que se produjeron en la tramitación de la legislación penitenciaria. El Grupo Comunista en la Enmienda núm. 90 presentada al Proyecto de Ley General Penitenciaria, en concreto enmienda 90-29, se proponía una nueva redacción para el apartado 5 del art. 51 con el siguiente tenor: "Las comunicaciones previstas en este artículo sólo podrán ser suspendidas o intervenidas por resolución del juez instructor, en los casos previstos en la Ley de enjuiciamiento Criminal, o por el juez de vigilancia, de oficio o a instancia de la Dirección del establecimiento". Se exponía por el Grupo parlamentario comunista en su motivación que para el caso de excepciones al derecho de comunicación debe establecerse "un régimen único, sometido al control judicial exclusivo"[126]. El Dictamen de la comisión de justicia sobre el Proyecto de Ley General Penitenciaria, restructuró el art. 51, tal y como había sido propuesto por varios grupos parlamentarios, y dio redacción al precepto tal y como hoy lo conocemos.

En 1995 el Grupo Parlamentario Popular presentó una proposición de ley sobre modificación del régimen de comunicaciones y visitas de los internos en orden a que éstas sean autorizadas por la au-

---

123 DÍAZ REVORIO, F.J. "El derecho fundamental al secreto de las comunicaciones", op. cit., pág. 171.

124 REVIRIEGO PICÓN, F., "El secreto de las comunicaciones en los Centros Penitenciarios...", supra cit., pág. 576 y MARTÍNEZ ESCAMILLA, M., "Derechos fundamentales entre rejas...", cit., pág. 257.

125 BELDA PÉREZ-PEDRERO, E., "El derecho al secreto de las comunicaciones", op. cit., pág. 182.

126 Sobre la tramitación parlamentaria de la LOGP puede verse la obra *Ley General Penitenciario. Trabajos Parlamentarios,* elaborada por el Servicio de Estudios y Publicaciones de las Cortes Generales, Madrid, 1980, Edición preparada por el Letrado Fernando Sainz Moreno.

toridad judicial[127]. La proposición proponía una nueva redacción del art. 51 de la LOGP, que además de la modificación del régimen de comunicaciones y visitas de los internos para que éstas fuesen acordadas "mediante previa y motivada autorización judicial", pretendía modificar otros aspectos como las comunicaciones con los abogados[128] y hacer preceptiva una autorización judicial previa en caso de que el interno quisiese ponerse en contacto con profesionales de un grupo distinto al de su actividad profesional[129]. Fue precisamente éste último aspecto, planteado en origen como reacción a un caso muy concreto[130], el que hizo decaer esta proposición de ley. Pese a

---

127 El texto de la Proposición de Ley puede consultarse en el Boletín Oficial de las Cortes Generales, Congreso de los Diputados, Serie B, número 119-1, de 10 de abril de 1995, http://www.congreso.es/public_oficiales/L5/CONG/BOCG/B/B_119-01.PDF
El debate parlamentario puede consultarse en el Boletín Oficial de las Cortes Generales, Serie B, 119.1, de 10 de abril de 1995, número de expediente 122/000099, http://www.congreso.es/public_oficiales/L5/CONG/DS/PL/PL_170.PDF

128 Para estos casos se preveía la eliminación de la restricción a los supuestos de terrorismo, proponiendo la siguiente redacción: "Las comunicaciones de los internos con el Abogado Defensor o con el Abogado expresamente llamado en relación con asuntos penales, y con los Procuradores que los representen, se celebrarán en departamentos apropiados y no podrán ser suspendidas o intervenidas salvo por orden de la autoridad judicial".

129 Para ello se procedía a dar nueva redacción al apartado 3 del art. 51: "En los mismos departamentos podrán ser autorizados los internos a comunicar con personas debidamente acreditadas en lo relacionado con la actividad profesional o laboral que dicho interno venía desempeñando con anterioridad a su privación de libertad, con los asistentes sociales y con sacerdotes o ministros de su religión, cuya presencia haya sido reclamada previamente. Estas comunicaciones sólo podrán ser intervenidas previa autorización judicial y en la forma que se establezca reglamentariamente". Y se añadía un nuevo apartado, el sexto, al precepto: "Las comunicaciones orales y escritas de los internos con profesionales de los medios informativos que tengan por finalidad la difusión de su contenido a través de dichos medios deberán ser previamente autorizadas por el correspondiente Juez de Instrucción en el caso de internos preventivos y por el Juez de Vigilancia Penitenciaria cuando se trate de penados".

130 Al caso particular, hacía precisamente referencia el Sr. Gil Lázaro, quien al defender la proposición de ley del Grupo Popular, señalaba sobre este aspecto que: "Se trata también de lograr en la Ley General Penitenciaria

que la mayoría de los grupos parlamentarios compartía esta concepción más garantista en el modo de llevar a cabo la interceptación de las comunicaciones del interno la reforma fue rechazada por 165 votos en contra frente a 131 a favor. Pesó más la preocupación referente a la nueva redacción dada al precepto sobre la comunicación con profesionales, que fue considerada un impedimento encubierto del acceso de los internos a los medios de comunicación para que no pudiesen realizar declaraciones o entrevistas salvo autorización judicial previa[131]. Desafortunadamente nuestro Tribunal Constitucional también ha reusado pronunciarse sobre la posible inconstitucionalidad del art. 51.5 de la LOGP. Puede leerse en la STC núm. 200/1997 que: "Finalmente, tampoco puede ser abordada la alegación relativa al origen no judicial de la medida restrictiva, que convertiría en lesivo del derecho el acto administrativo por su propia condición de tal y que comportaría un cuestionamiento constitucional del art. 51.5 LOGP, pues su planteamiento, ausente en el recurso de reforma y sólo realizado mediante una vaga remisión en apelación, carece de la perseverancia durante todo el *iter* procesal ordinario que requiere

---

una más clara previsión de ciertos supuestos, de manera que se impidan instrumentaciones torticeras de la intención original del legislador para dar apariencia de legalidad a decisiones tan bochornosas como las que dieron pie a que el señor Sancristóbal pudiera abrir los noticiarios de la televisión desde Alcalá Meco por mor de la sola decisión de la autoridad administrativa". Vid. BOCG, Serie B, 119.1, 10 de abril de 1995, número de expediente 122/000099, pág. 9065.

131 En este sentido son muy ilustrativas las declaraciones del Sr. Olabarría Muñoz, portavoz del Grupo Parlamentario Vasco, en el debate: "Entendemos que es inconstitucional esta proposición de ley. En su contenido material contradice dos preceptos de la Constitución —el número 1, letra a), del artículo 20 y el número 2 del artículo 25—, razón más que suficiente para votar en contra de una proposición de ley que aborda una materia tan importante como la que se pretende regular a través de su contenido articulado. Lo que ustedes pretenden estatuir es una especie de censura judicial previa a un derecho constitucional que en principio no está previsto que se limite para los condenados a penas de privación de libertad, cual es el derecho que consagra el artículo 20.1 de la Constitución, el derecho a expresar y difundir libremente pensamientos, ideas y opiniones mediante la palabra, el escrito o cualquier otro medio de reproducción".

su análisis en esta sede a tenor del art. 44.1 de la Ley Orgánica del Tribunal Constitucional".

La concepción de la intervención del juez como una mera dación de cuentas cuando se trata del derecho al secreto de las comunicaciones de un interno, supone no sólo en abstracto una merma de garantías —respecto del resto de ciudadanos—, sino que, además, en los casos en que la intervención del órgano judicial conllevase la revocación de la medida, la lesión al derecho fundamental se habría producido desde su autorización por la autoridad administrativa hasta su revocación judicial.

Esta cuestión se evidencia de un modo aún más preocupante cuando el estudio de campo revela que el plazo que transcurre como media entre el acuerdo administrativo y la resolución judicial es sumamente dilatado. En concreto, los datos muestran que el plazo medio en el conjunto de los centros penitenciarios españoles para intervenciones sometidas a dación de cuentas ante el Juez Central de Vigilancia Penitenciara es de 88,43 días, es decir, durante casi tres meses en los casos de revocación de la autorización, el interno habría sufrido la afectación de su derecho al secreto de las comunicaciones. Esto evidencia la escasa efectividad que esta dación tiene sobre la garantía del derecho[132].

Para evitar esta situación incluso se podría haber optado por ese régimen excepcional, contemplado para determinadas actuaciones en las que no sólo existe un deber de dación de cuenta, sino en los que además la eficacia del acto administrativo se ve demorada hasta su aprobación por el juzgado de vigilancia penitenciaria[133].

---

132 En todo caso, tal y como pone de relieve RÍOS MARTÍN, J.C. (*Manual de ejecución penitenciaria. Defenderse de la cárcel*, Madrid, 2009, pág. 280), "que la comunicación de la intervención al juez se realice a posteriori, aunque sea inmediatamente, no es acorde con las garantías que deben prevalecer en un Estado de Derecho".

133 Este régimen especial y excepcional se prevé, en primer término, para las sanciones de aislamiento en celda, en las que el deber de dación de cuentas se complementa con la necesidad de aprobación previa por el juez de vigilancia penitenciaria de la sanción para aquellas cuya duración exceda de catorce días (arts. 76.2.d) LOGP, 236.3 RP). En segundo lugar, en los supuestos de necesidad de utilización de sesiones de rayos X, en el caso ya

2.4.2. La competencia y el alcance de la "puesta en conocimiento" del juzgado de vigilancia penitenciaria

Tanto la previsión contenida en el art. 51.5 de la LOGP como su desarrollo en el art. 43.1 del RP contemplan la intervención de la autoridad judicial, tanto en el caso de penados como de preventivos, como una dación de cuentas. Esa dación de cuentas es atribuida por la legislación penitenciaria a la "autoridad judicial competente". Por vía reglamentaria, tanto el art. 43.1 como en la regla 5ª del art. 46, se ha interpretado que la dación de cuentas se hará ante el juzgado de vigilancia penitenciaria cuando se trate de penados. En el caso de internos preventivos —detenidos o presos— la atribución de la competencia debe entenderse referida al juez de la causa (juzgado de instrucción u órgano de enjuiciamiento). El desarrollo reglamentario parece desconocer la reserva legal existente para la determinación de la competencia. Quizá por ello el reglamento olvidaba la competencia atribuida por ley al juzgado de vigilancia penitenciaria en los arts. 94 de la LOPJ y 76 de la LOGP. Los juzgados de vigilancia penitenciaria fueron creados precisamente para "ejercer un control judicial sobre la Administración Penitenciaria, controlar la legalidad en la ejecución y tutelar los derechos de los reclusos"[134]. Además, desde que la Constitución atribuyese la función de hacer ejecutar lo juzgado al poder judicial en su art. 117.3, la actividad penitenciaria no puede sustraerse del control de la autoridad judicial[135]. Por ello puede entenderse que el control jurisdiccional que debe realizar el juez de vigilancia penitenciaria respecto a la adopción del acuerdo administrativo de intervención de las comunicaciones obedece al carácter tuitivo atribuido al mismo. Por ello, la previsión reglamentaria fue corregida en su interpretación por el Tribunal Supremo, que consideró que el receptor de la dación de cuentes es siempre —tanto

---

examinado del art. 68.4 del RP. Sobre este peculiar régimen, vid. FERNÁNDEZ ARÉVALO, L. y NISTAL BURÓN, J., *Manual de Derecho penitenciario,* Aranzadi Thomson Reuters, 2011, BIB 2011\963, pág. 11.

134 CERVELLÓ DONDERIS, V., *Derecho penitenciario,* cit., pág. 173.

135 RODRÍGUEZ ALONSO, A. y RODRÍGUEZ AVILÉS, J. A., *Lecciones de Derecho Penitenciario,* op. cit., pág. 51 y RACIONERO CARMONA, *Derecho penitenciario…,* cit., pág. 73.

en el caso de penados como de preventivos—, el juez de vigilancia penitenciaria[136]. Además, como pone de relieve el propio Tribunal Supremo, la actuación del juzgado encargado de la causa no tendría ningún sentido dado que la interceptación de las comunicaciones prevista en la legislación penitenciaria "como medida de régimen no tiene ninguna relación con la causa penal abierta en investigación de un hecho delictivo"[137].

La finalidad de esta comunicación no es otra que la revisión judicial de la restricción del derecho al secreto de las comunicaciones[138]. Se concibe por nuestro Tribunal Constitucional como una garantía del sistema, pues el control judicial de la interceptación acordada por la autoridad administrativa no se supeditará al eventual ejercicio por parte del interno de los recursos procedentes[139].

Si al juez de vigilancia penitenciaria se le atribuye por ley la salvaguarda de los derechos de los internos y el control de la legalidad de la actuación administrativa, no tendría sentido que el control de la actuación de la Administración penitenciaria sólo pudiese darse en los casos en los que el interno afectado por la medida la recurriese[140].

Por todo ello, se debe entender que la dación de cuentas constituye un auténtico control jurisdiccional. De un lado, sólo el ejercicio de ese control permitiría entender realizada la función de salvaguarda de los derechos fundamentales de los internos que la ley atribuye a los juzgados de vigilancia penitenciaria (arts. 76.1 de la LOGP y art.

---

136 Cfr. los AATS núms. 10256/1999, de 16 de noviembre, 10260/1999, de 10 de diciembre y 5760/2000, de 29 de marzo.

137 CASTRO ANTONIO, J.L., "Comentario a los arts. 47 a 58 de la LOGP", cit., pág. 493.

138 Vid. CASTRO ANTONIO, J.L., "Comentario a los arts. 47 a 58 de la LOGP", cit., pág. 493; DEL MORAL GARCÍA, A., "La intervención de las comunicaciones en los centros penitenciarios", *Diario La Ley*, núm. 7573, 2011, pág. 2; NISTAL MARTÍNEZ, "La libertad de las comunicaciones...", op. cit., pág. 8 y FERNÁNDEZ ARÉVALO, L. y NISTAL BURÓN, J., *Derecho penitenciario*, cit., pág. 790.

139 Sobre este particular, cfr. las SSTC núms. 170/1996, 175/1997, 106/2001, 192/2002, 193/2002 y 194/2002.

140 CASTRO ANTONIO, J.L., "Comentario a los arts. 47 a 58 de la LOGP", cit., pág. 493.

94.1 de la LOPJ). De otro lado, de no efectuarse ese control tampoco podría considerarse realizado el control de legalidad de la actuación administrativa penitenciaria, ni el sometimiento de ésta a los fines que la justifican, que por ley se atribuye al poder judicial (art. 106.1 CE).

De hecho, consideramos que, como pone de relieve el magistrado Guillermo Jiménez Sánchez en el voto particular concurrente que formula en la STC núm. 193/2002, esa actuación de control no se agota en el momento de la dación de cuenta pues: "A lo hasta aquí expuesto entiendo que debe añadirse la puntuación de que el comportamiento activo al cual, conforme a lo anteriormente indicado, viene llamado el Juez de Vigilancia Penitenciaria en relación con las intervenciones de comunicaciones acordadas por la Administración penitenciaria (el mantenerse alerta que cabe exigir al órgano judicial) no se circunscribe al momento en el que se le comunica el acuerdo tomado por el centro penitenciario o sus sucesivas prórrogas, sino que se prolonga durante toda la vigencia de la medida y se proyecta, tanto sobre lo adecuado de la adopción de ésta, como, lo cual a veces resulta más necesario, sobre el modo en el que se lleva a cabo. [...] En definitiva, la comunicación que ha de efectuar la Administración penitenciaria al Juez de Vigilancia Penitenciaria alcanza relevancia en la medida en que sirve al fin de mantener la necesaria proporcionalidad entre la medida limitativa de los derechos fundamentales y los intereses que justifican tal limitación, no sólo en el momento de su adopción, sino en el curso de su desarrollo y de su mantenimiento. A ello entiendo ha de responder la actuación del órgano judicial".

En cuanto al plazo para poner en conocimiento del juez de vigilancia penitenciaria el acuerdo administrativo la ley guarda silencio. La jurisprudencia constitucional ha considerado que la comunicación de la medida adoptada a la autoridad judicial competente ha de ser "inmediata", con el fin de que ésta ratifique, anule o subsane la decisión administrativa, pudiendo de este modo ejercer con plenitud su competencia revisora sobre la restricción del derecho fundamental[141]. En caso contrario, como ha puesto de relieve el Tribunal

---

141 Vid. por todas las SSTC núms. 175/199 y 192/2002.

Constitucional, "sería inexistente el control judicial durante el periodo que se extiende desde la adopción de la intervención hasta que el juzgado recibe la comunicación"[142]. Veremos más adelante como los datos del estudio de campo resultan realmente preocupantes. El tiempo medio transcurrido entre el acuerdo y el auto del Juzgado Central de Vigilancia Penitenciaria es de 87 días para la primera intervención y de 86 para la segunda y tercera intervenciones[143].

2.4.3. La motivación del auto

A) La motivación como expresión del control de la actividad de la administración penitenciaria

Puesto que la intervención de las comunicaciones comporta la restricción de un derecho fundamental corresponde al juez de vigilancia penitenciaria velar porque la misma se haya adoptado legítimamente[144]. La dación de cuentas es una exigencia que —como ya expusimos—, no puede concebirse exclusivamente como una mera comunicación del acuerdo del órgano administrativo al judicial para que tome conocimiento de éste[145]. Debe implicar un verdadero control jurisdiccional de la medida pese a efectuarse a *posteriori* y que, en todo caso, debe producirse mediante una resolución motivada[146].

La motivación del auto permitirá comprobar si el juez ha llevado a cabo con corrección la función tuitiva respecto a la adopción de la medida que fue acordada por la autoridad administrativa y de la que se ha dado cuenta al juzgado de vigilancia penitenciaria.

---

142 Cfr. las SSTC núms. 183/1994, 170/1996 y 175/1997.

143 Vid. más adelante *Ilustraciones 11* y *12*.

144 De hecho, las restricciones de las comunicaciones (suspensiones e intervenciones) constituyen una de las cuestiones, junto con las sanciones disciplinarias, los recursos de grado y las libertades condicionales, de las que más frecuentemente han de ocuparse los jueces de vigilancia penitenciaria. Vid. REVIRIEGO PICÓN, F., "El secreto de las comunicaciones...", op. cit., pág. 581.

145 RÍOS MARTÍN, J.C., *Manual de ejecución penitenciaria...*, cit., pág. 279.

146 Vid por todas la STC núm. 175/1997.

El Tribunal Constitucional considera que la motivación del auto del juzgado de vigilancia penitenciaria es "una auténtica garantía y, para que opere como tal, se hace necesario que a la dación de cuentas le siga una resolución judicial que se manifieste, de forma motivada, sobre el objeto de la intervención" (STC núm. 170/1996). La doctrina constitucional también ha sido firme al considerar que la motivación del auto opera como garantía frente a la arbitrariedad[147].

Luego, en consonancia con ese deber de protección que la ley atribuye a los juzgados de vigilancia penitenciaria debiera estar el deber de motivación de sus resoluciones, pues la intervención de las comunicaciones —como sucede con las sanciones en el ámbito penitenciario—, "supone una grave restricción a la ya restringida libertad inherente al cumplimiento de la pena" (STC núm. 181/1999)[148]. De ahí que como se señala en la STC núm. 175/1997, "si el juez de vigilancia penitenciaria se limitase a una mera recepción (*del acuerdo administrativo*) y adoptase una actitud meramente pasiva ante la restricción del derecho fundamental del recluso, no estaría dispensando la protección del derecho exigida por las normas contenidas en los arts. 76.1 y 2 g), 94.1 LOGP y el art. 106.1 CE"[149].

Como en el caso de la motivación del acuerdo administrativo, la motivación del auto es también exigencia del derecho a la tutela judicial efectiva (art. 24.1 de la CE). Resulta imprescindible para conocer las causas de la ratificación de la medida por parte del juez que está llamado a velar por el respeto de los derechos del interno en relación con la actuación de la administración penitenciaria (STC núm. 175/1997). La manera de comprobar que se lleva a cabo el control jurisdiccional pasa precisamente por el análisis de la motivación del auto del juez de vigilancia penitenciaria, que constituye un elemento imprescindible para legitimar la intervención de las comunicaciones. La vinculación a la ley de los jueces de vigilancia penitenciaria, exclu-

---

147 RACIONERO CARMONA, F., *Derecho penitenciario...*, cit., pág. 75.

148 En el mismo sentido, vid. también la STC núm. 53/2001, entre otras muchas.

149 En igual sentido, cfr. las SSTC núms. 200/1997, 106/2001, 192/2002 y 194/2002.

yendo la arbitrariedad, se podrá controlar a través de la interposición del oportuno recurso.

B) El alcance y extensión de la motivación

La motivación del auto no es equiparable en este caso a la del acuerdo administrativo, pues el juez de vigilancia penitenciaria no debe realizar juicio de proporcionalidad alguno sobre las razones que justifican la adopción de la interceptación de las comunicaciones. Dichas exigencias de motivación se precisan de la autoridad administrativa del centro penitenciario. Quizá por ello el Tribunal Constitucional considera que, con carácter general, no es preciso que la motivación consista en "un razonamiento exhaustivo y pormenorizado de todas las particularidades de la cuestión sobre la que se decide, sino que es suficiente con apoyar el fallo en razones que permitan conocer los criterios jurídicos que han fundamentado la decisión, es decir, la *ratio decidenci*"[150].

Al juez de vigilancia penitenciaria corresponde en la dación de cuentas exponer las razones por las que entiende que la medida de intervención de las comunicaciones es o no correcta. Es decir, aquéllas que le llevan a dar por cumplidos o no los requisitos exigidos que permiten legitimar la medida. Si al juez de vigilancia penitenciaria se le exige "efectuar el control relativo a la idoneidad, necesidad y proporcionalidad de la medida (*pues*) es el objeto primordial del control jurisdiccional" (STC núm. 200/1997); el auto deberá expresar las razones que le llevan a ratificar o revocar la medida. Para ello, no será suficiente un mero control de legalidad, que se limite a comprobar si se dan o no los requisitos legal y constitucionalmente exigidos para el acuerdo administrativo de intervención de las comunicaciones desde un punto de vista formal. Al juez de vigilancia penitenciaria le corresponde por tanto controlar el contenido, suficiencia y acierto de la motivación del acuerdo administrativo, verificando la concurrencia de todos aquellos requisitos que debe contener aquél.

150 RACIONERO CARMONA, F., *Derecho penitenciario...*, cit., pág. 75.

Pese a la importancia de la motivación, el estudio de campo desarrollado evidencia que, al menos en el ámbito del juzgado central de vigilancia penitenciaria, se emplean masivamente modelos estereotipados en los autos que se dictan con ocasión de la dación de cuentas en relación con la intervención de las comunicaciones de los internos[151]. Pero el dato que evidencia de forma más palmaria la ausencia de esa actividad de control no es tanto la existencia de una motivación formularia, como el hecho de que tanto en el 100% de intervenciones acordadas por acuerdos administrativos no motivados, como el 100% de acuerdos no notificados al interno, fueron ratificados por el Juez Central de Instrucción.

Es cierto que el Tribunal Constitucional entiende que el empleo de modelos o formularios en las resoluciones judiciales no implica necesariamente una falta o insuficiencia de motivación, pero también es cierto que este tipo de motivación no debiera ser usada cuando nos encontramos ante supuestos que precisan de una motivación reforzada, que son precisamente los que afectan a derechos fundamentales[152].

El problema que se ha detectado —a través del estudio de campo— es precisamente que, pese a la posibilidad de motivación formularia, parece extraño que un mismo impreso sirva para "conocer los criterios jurídicos que fundamentan la parte dispositiva de la resolución"[153] de las diferentes y numerosas resoluciones administrativas de las que se conoce. No deben darse por válidas motivaciones tan genéricas o formularias que puedan ser aplicadas a cual-

---

[151] En la *Ilustración 10* podrá comprobarse cómo las motivaciones son meramente formularias en aproximadamente el 70% de los casos. Es decir, que la mayoría de las motivaciones del estudio de campo resultaron ser explicaciones que no contenían las circunstancias concretas del caso, sino que se limitaban a exponer los requerimientos legales de la medida en abstracto.

[152] COLOMER HERNÁNDEZ, I., La motivación de las sentencias: sus exigencias legales y constitucionales, Valencia, 2003, págs. 379 y 382.

[153] Vid. la STC núm. 188/1999. Aunque el fundamento para la admisión de la motivación formularia es que se trata precisamente de supuestos idénticos que pueden recibir respuestas idénticas, es difícil imaginar una situación tal que, aun requiriendo la valoración de los intereses en conflicto, entre ellos un derecho fundamental, pueda emplearse una idéntica motivación.

quier supuesto de intervención de las comunicaciones (STC núm. 143/1997)[154].

Finalmente, recordar que no cabe en ningún caso entender que el auto del juez de vigilancia penitenciaria puede, a través de su motivación, suplir los déficits del acuerdo administrativo. Como pone de relieve el Tribunal Constitucional en su Sentencia núm. 128/1997: "las resoluciones judiciales que recaen sobre la decisión de intervenir las comunicaciones no sustituyen su fundamentación, ni vienen a completar o suplir su carencia de motivación"[155].

---

154 MARTÍNEZ ESCAMILLA, M., *La suspensión e intervención...*, cit., pág. 107.

155 El Tribunal Constitucional en alguna ocasión puntual ha considerado que el juez de vigilancia penitenciaria en función de competencia revisora y de sus propias facultades en orden a la ejecución de la pena puede subsanar con efectos retroactivos un acuerdo inmotivado, pero sólo cuando en el caso concreto que resuelve, a pesar de la ausencia de motivación del acuerdo, efectivamente existían razones que lo hubieran podido justificar (Vid. la STC núm. 128/1997). Pese a todo, la admisión de una convalidación en este sentido dejaría al interno sin capacidad para combatir la medida durante el tiempo que pasase entre la adopción de la medida y la emisión del auto por parte del juez de vigilancia penitenciaria, que como muestra el estudio de campo no es precisamente breve.

3. El estudio de campo

3.1. DESCRIPCIÓN DEL ESTUDIO DE CAMPO

3.1.1. Introducción y metodología

En la primera parte de este trabajo hemos tratado de realizar una exposición crítica sobre la regulación e interpretación jurisprudencial de la interceptación de comunicaciones en el ámbito penitenciario. En esta segunda parte, a través del estudio de campo procuraremos confirmar o desechar algunas de las cuestiones controvertidas que nos suscitaban las previsiones legislativas y su incidencia en la práctica forense[156].

Esta parte del trabajo versa sobre la interceptación de comunicaciones en el ámbito del Juzgado Central de Vigilancia Penitenciaria[157]. El objetivo último de la investigación será evaluar el alcance de esta medida desde un punto de vista teórico y empírico que nos permita aproximarnos a la realidad desde un ámbito muy singular, el de los internos que se hallan en prisión en virtud de procedimientos cuya competencia se encuentra atribuida a la Audiencia Nacional[158]. Quizá esta aproximación pueda incurrir en una cierta debilidad, y es que en lo que se refiere a la dación de cuentas, analizaremos las

---

156 Esta investigación forma parte del proyecto "La eficiencia y equidad de la justicia en cifras", que se desarrolla en el marco de los Trabajos Fin de Grado de la Universidad Carlos III de Madrid de estudiantes del último curso de estudios conjuntos de Derecho y Economía. Para los estudiantes, tiene una carga lectiva de 18 créditos, que equivale a tres asignaturas cuatrimestrales. Durante el curso 2016/17, el Trabajo Fin de Grado (TFG).

157 Al Juzgado Central de Vigilancia Penitenciaria le corresponderá, tras la dación de cuentas, dictar los autos que revoquen o confirmen los acuerdos de intervención de las comunicaciones, que son originariamente adoptados por el director del establecimiento penitenciario donde se encuentra el interno, que ha sido o está siendo juzgado por uno de los delitos de los que conoce la AN, JCP o el JCI (arts. 51.5 de la LOPGP y 43.1 del RP).

158 Cfr. Art. 65 LOPJ y Disposición Transitoria Única de la Ley Orgánica 4/1988, de 25 de mayo, de reforma de la LECrim (popularmente conocida como Ley Antiterrorista).

medidas adoptadas por un órgano centralizado, el Juzgado Central de Vigilancia Penitenciaria. Pero, de otro, cuenta con la presunción, al menos inicial, de que los procesos seguidos en el ámbito de la Audiencia Nacional, por su especial gravedad, suelen ser sumamente escrupulosos con las garantías procesales y los principios constitucionales.

Nuestro interés es analizar el modo en que se adopta esta medida restrictiva del derecho fundamental al secreto de las comunicaciones, su periodicidad, su grado de motivación y la justificación que se da a esta medida en relación son los sujetos privados de libertad, ya sean penados o preventivos.

3.1.2. Objetivo del estudio

Uno de los grandes retos del tratamiento dogmático de las instituciones es que, a menudo, su estudio y análisis obedece a una perspectiva estrictamente teórica y, en su caso, sustentada en análisis jurisprudenciales que ponen sobre la pista del modo en que se produce la traslación del ordenamiento jurídico a la práctica forense.

Por ello, en esta ocasión hemos tratado de enriquecer el estudio mediante un estudio de campo que nos permita conocer —siquiera limitadamente—, la aplicación práctica de la medida de interceptación de comunicaciones a fin de averiguar el uso más o menos adecuado que se hace de la institución.

A continuación y con objeto de guiar el trabajo de campo se pueden establecer algunas hipótesis construidas de manera deductiva a partir de la regulación legal de la institución:

1. Se espera una menor frecuencia de la interceptación de las comunicaciones en los casos de presos preventivos frente a los que cumplen condena.
2. Se espera una mayor frecuencia de la interceptación de comunicaciones en los delitos de terrorismo y crimen organizado frente al resto de delitos de los que conoce la Audiencia Nacional.

3. Se espera que el tiempo transcurrido entre la adopción del acuerdo administrativo por parte del Director del Establecimiento y la dación de cuentas al Juez de Central de Vigilancia Penitenciaria sea un lapso de tiempo sustancialmente breve.

4. Se espera que la mayoría de los supuestos de interceptación acordadas cuenten con motivación, dada la gravedad de los delitos de los que se conoce en el ámbito de la Audiencia Nacional.

5. Se espera que la motivación sea especialmente rigurosa y no una mera referencia a las motivaciones legalmente previstas en atención a la gravedad de los delitos de los que se conoce en el ámbito de la Audiencia Nacional.

6. Se espera que la motivación, en casos de terrorismo, y en atención a la gran alarma social que despiertan, resulte consistente y no meramente una justificación legal.

7. Se espera que, en caso de haberlas, las motivaciones formularias sean anecdóticas, dada la incidencia de la medida en un derecho fundamental.

8. Se espera que la duración de la medida sea limitada puesto que nos encontramos ante una medida de carácter excepcional por incidir en el ejercicio de un derecho fundamental.

9. Se espera que el número de prórrogas de la medida sea anecdótico en atención a la excepcionalidad de la medida.

10. Se espera que los datos relativos a la dación de cuentas permitan sostener que el Juez Central de Vigilancia Penitenciaria ejerce un efectivo control de la actuación de la administración penitenciaria y en garantía de los derechos fundamentales.

11. Se espera que la notificación de la adopción de la medida de interceptación de comunicaciones se comunique al interno en la mayoría de los casos, dado que se trata de una exigencia legal.

12. Se espera que, en la medida en que no tiene efectos sobre la ejecución de la medida, los internos firmen la notificación de la medida.

3.1.3. Población objeto de estudio

La población española en 2015, año en el que se centra este estudio, era de 46.438.422 habitantes, siendo hombres el 49,1% y mujeres el 50,9%; el porcentaje de extranjería era del 10,1%, según datos del INE[159].

Según el informe "Justicia Dato a Dato" editado por el Consejo General del Poder Judicial[160], a 31 de diciembre de 2015, las cárceles españolas contaban con 61.614 presos, siendo hombres el 92,3% y mujeres el 7,7%; el porcentaje de extranjería alcanzó el 29,0%, esto es casi el triple del porcentaje de población extranjera censada en España. Esto significa que en el año 2015 cerca de un 0,13% de la población se encontraba en un centro penitenciario. Según el informe general 2015 de Instituciones Penitenciarias[161], la población reclusa en los Centros Penitenciarios dependientes de la Administración General del Estado a 31 de diciembre de 2015 ascendía 52.804 internos, siendo hombres el 92,2% y mujeres el 7,8%; el porcentaje de extranjería alcanzó el 26,6%.

Con respecto a la situación procesal-penal de los reclusos en las cárceles, el 86% de estos internos eran penados, el 12% preventivos y en el 2% de los casos se corresponden con otras situaciones como penados con preventivas o medidas de seguridad. Por género, las diferencias son muy reducidas y así el 86% de los internos eran hombres frente al 85% de mujeres. Con relación a los preventivos, el 14% eran mujeres frente al 12% de hombres eran preventivos. Véase la Ilustración 1.

---

159 http://www.ine.es

160 http://www.poderjudicial.es/cgpj/es/Temas/Estadistica-Judicial/Estudios-e-Informes/Justicia-Dato-a-Dato/

161 http://www.interior.gob.es/es/web/archivos-y-documentacion/documentacion-y-publicaciones/publicaciones-descargables/instituciones-penitenciarias/informe-general

Ilustración 1. Situación procesal-penal en las cárceles españolas en 2015, según género

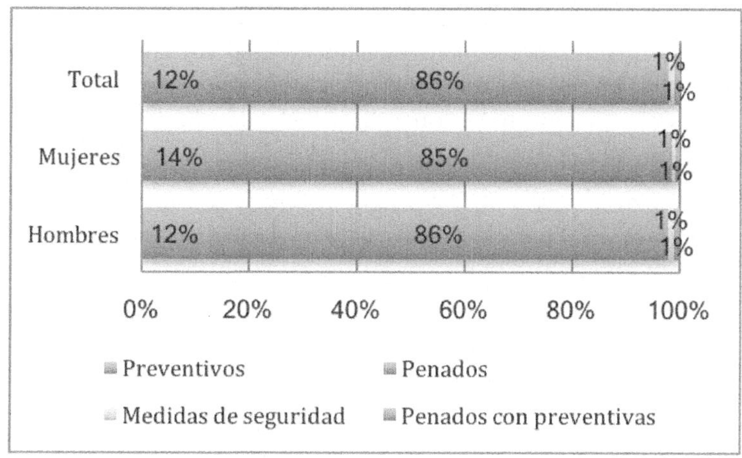

Atendiendo a la edad, en la Ilustración 2 se observa que el porcentaje de preventivos tiende a disminuir con la edad. Así, este porcentaje alcanza el 53% para los reclusos de 18 a 20 años frente al 10% para los reclusos de más de 60 años.

Ilustración 2. Situación procesal-penal en las cárceles españolas en 2015, según edad

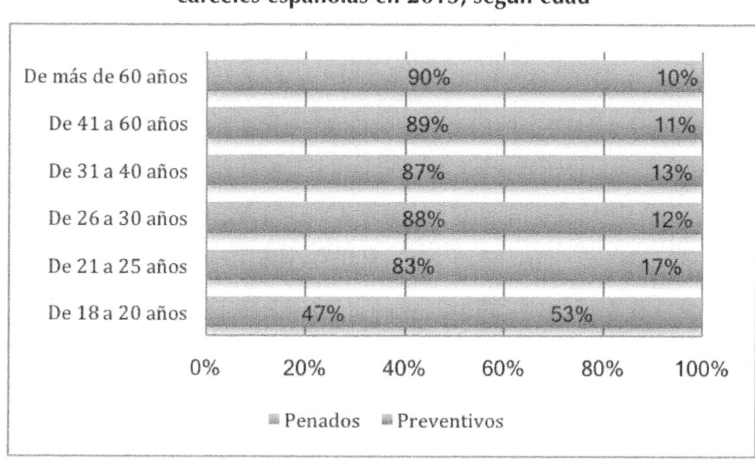

En cuanto al tipo de delito por el que se encontraban recluidos, el 38,5% lo estaban por delitos contra el patrimonio y el orden socioeconómico, seguido del 22,7% por delitos contra la salud pública, el 7,4% por homicidio y sus formas, el 7,3% por delitos de violencia de género y el 5,9% por delitos contra la libertad sexual; el resto de los delitos por los que se encontraban recluidos es inferior al 5% [162]. Véase la Ilustración 3.

Ilustración 3. Tipología delictiva de la población reclusa en 2015

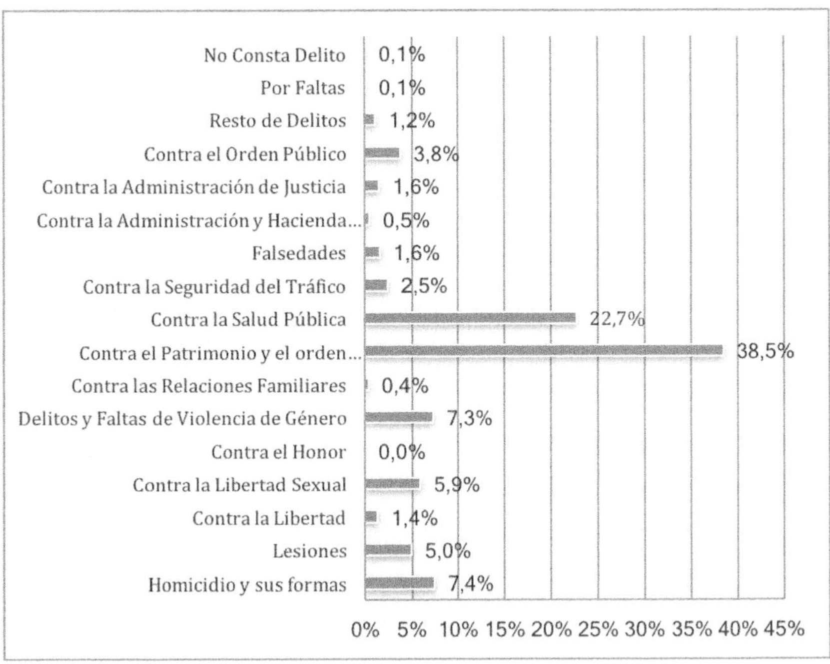

En cuanto a los datos relativos a interceptaciones de las comunicaciones ordinarias en el ámbito de enjuiciamiento de la Audiencia Nacional. Durante 2015, el número de asuntos ingresados en los Juzgados Centrales de Instrucción, los Juzgados Centrales de lo Penal

162 http://www.interior.gob.es/web/archivos-y-documentacion/instituciones-penitenciarias2

y la Sala de lo Penal de la Audiencia Nacional fueron de 1715, 25 y 2944, respectivamente, representando el 0,081% del total de asuntos ingresados en la jurisdicción penal española, según el informe "Justicia Dato a Dato" editado por el Consejo General del Poder Judicial[163] (Véase la Tabla 1).

Tabla 1. Movimiento de asuntos en la Jurisdicción Penal

	Ingresados	Resueltos	En trámite al final del año	Sentencias
Jdos. Instrucción	3.070.603	3.185.237	259.489	228.090
Jdos. 1ª Inst. e Instrucción	1.905.902	1.958.536	294.304	141.741
Jdos. Violencia contra la Mujer	176.147	174.128	30.682	18.819
Jdos. de Menores	26.665	28.438	12.698	16.939
Jdos. Vigilancia Penitenciaria	259.125	257.616	37.948	—
Jdos. de lo Penal	164.982	187.750	153.622	166.428
Jdos. de lo Penal de Ejecutorias	—	—	—	—
A.P. Secciones Penales	160.889	163.277	30.488	63.479
A.P. Secciones Mixtas	20.158	20.876	3.508	8.015
T.S.J. Sala Civil y Penal	3.612	3.670	146	140
Jdos Centrales Instrucción	1.715	1.694	1.010	—
Jdos. Centrales de lo Penal	25	27	35	21
Jdos. Centrales de Menores	16	18	10	14
Jdos. Centrales Vigilancia Penitenciaria	8.949	9.123	695	—
A.N. Sala Penal	2.944	2.978	350	181
Tribunal Supremo: Sala 2ª	3.887	3.683	1.758	826
TOTAL	**5.805.619**	**5.997.051**	**826.743**	**644.693**

Durante ese año se autorizaron, según la información facilitada por el propio Juzgado Central de Vigilancia Penitenciaria, un total

163 http://www.poderjudicial.es/cgpj/es/Temas/Estadistica-Judicial/Estudios-e-Informes/Justicia-Dato-a-Dato/

de 540 interceptaciones de comunicaciones a personas privadas de libertad. Estos expedientes forman la población objetivo de este trabajo.

No se dispone de información sobre el número de encausados por la AN ni sobre el número de presos en el seno de un proceso ante la AN, por lo que, aunque se conoce el número de intervenciones a presos en el ámbito del Juez Central de Vigilancia Penitenciaria, no es posible estimar la proporción del total de estos presos a los que se intervienen las comunicaciones en general y por tipo de delito. Como aproximación, si consideramos como referencia el total de asuntos ingresados en 2015 en los Juzgados Centrales de Instrucción, los Juzgados Centrales de lo Penal y la Sala de lo Penal de la Audiencia Nacional, la interceptación de comunicaciones se habría llevado a cabo en el 11,5% de los casos.

3.1.4. Sobre la selección y representatividad de la muestra

La selección de expedientes se realizó mediante muestreo aleatorio de entre el total de expedientes de interceptación de comunicaciones que tuvieron lugar en 2015. El tamaño muestral se calculó para que, con un nivel de confianza del 95%, y suponiendo normalidad, la muestra obtenida fuera representativa para un error no superior al 4%.

La recogida de datos se realizó en el Juzgado Central de Vigilancia Penitenciaria y en ella participaron seis alumnas de sexto curso del grado en Derecho-Economía de la Universidad Carlos III de Madrid[164].

164 La recogida de estos datos fue posible gracias al magnífico trabajo desarrollado por nuestras alumnas Ana Catalina Fernández Andrés; Azahara Mayoral Alegre; Ana Nogueiras Pérez-Santamarina; Alba María Santiago Benítez e Isabel Sanz De Burgos. A todas ellas, nuestro agradecimiento por la labor realizada y por la gran sensibilidad que mostraron hacia la realidad penitenciaria.

La base de datos se construyó a partir de la información contenida en los expedientes de interceptación de comunicaciones. Se codificaron un total de 323 interceptaciones, dando lugar a 273 registros[165].

La información recogida en cada uno de los expedientes se codificó a través de las siguientes variables:

- **NIG**: número de identificación general de cada persona privada de libertad en un centro penitenciario español. En el marco de este estudio, el NIG nos permite conocer el número de veces que cada preso ha visto interceptadas sus comunicaciones[166].
- **Sexo** del sujeto pasivo de la medida, que toma los valores hombre o mujer.
- **Delito** por el que se encuentra privado de libertad el interno objeto de la medida. Dada la competencia de la Audiencia Nacional en materia penal[167], esta variable toma valor para las siguientes categorías:
    i. Delitos contra el titular de la Corona, su Consorte, su Sucesor, Altos Organismos de la Nación y forma de Gobierno.

---

165 En general, el tiempo por el que se interceptan las comunicaciones es de seis meses, por lo que a una persona penada se le puede interceptar las comunicaciones más de una vez durante un mismo año.

166 En un principio pretendíamos utilizar el NIG para poder acceder al Sistema de Gestión Procesal Minerva-NOJ. Este acceso nos habría permitido acceder a los datos del interno. De este modo se podrían haber recogido otras variables de interés para el estudio de campo, como podían ser la nacionalidad —que sólo pudimos clasificar como bivalente: español o extranjero—; edad; duración de la condena —para aquellos que se encuentran internos en virtud de sentencia firme— y tiempo en el que se adopta la medida —primer, segundo, tercer o cuarto cuarto de la condena—. El acceso al sistema Minerva-NOJ no resultó posible, pese a los esfuerzos realizados para materializar esta cooperación con el Ministerio de Justicia, para la elaboración de esta investigación. Por ello, el número de variables del estudio de campo es algo más reducido de lo que se habría deseado para un análisis más completo.

167 Art. 65 LOPJ y Disposición Transitoria Única de la Ley Orgánica 4/1988, de 25 de mayo, de reforma de la LECrim (popularmente conocida como Ley Antiterrorista).

ii. Falsificación de moneda y fabricación de tarjetas de crédito y débito falsas y cheques de viajero falsos, siempre que sean cometidos por organizaciones o grupos criminales.

iii. Defraudaciones y maquinaciones para alterar el precio de las cosas que produzcan o puedan producir grave repercusión en la seguridad del tráfico mercantil, en la economía nacional o perjuicio patrimonial en una generalidad de personas en el territorio de más de una Audiencia.

iv. Tráfico de drogas o estupefacientes, fraudes alimentarios y de sustancias farmacéuticas o medicinales, siempre que sean cometidos por bandas o grupos organizados y produzcan efectos en lugares pertenecientes a distintas Audiencias.

v. Delitos cometidos fuera del territorio nacional, cuando conforme a las leyes o a los tratados corresponda su enjuiciamiento a los Tribunales españoles.

vi. Terrorismo.

vii. Otros encausados por delitos competencia de la AN.

➲ **Centro penitenciario** en el que se encuentra recluido.

➲ **Comunidad Autónoma** en la que radica el centro penitenciario.

➲ **Fecha del acuerdo administrativo** de intervención de las comunicaciones.

➲ **Motivación** de la medida: informa sobre si aparece o no presente algún tipo de motivación en el acuerdo de intervención, tomando valores "sí" o "no".

➲ **Renovación por remisión**: señala los casos en los que se prorroga una intervención acordada con anterioridad sin ofrecerse ningún tipo de motivación, pudiendo tomar un único valor ("sí") y sólo en los casos en que la variable "motivación" toma el valor "no".

➲ **Motivación formularia**: informa sobre el tipo de motivación de los acuerdos, tomando el valor "no" cuando se explicitan las circunstancias concretas del caso (buena motivación) y el valor "sí" cuando se ofrece una mera justificación legal (mala motivación, es decir, motivación formularia).

➲ **Notificación al interno**: indica si consta la notificación del acuerdo de intervención al sujeto pasivo de la misma, tomando el valor "sí" cuando el acuerdo ha sido firmado por el afectado o cuando se ha indicado por escrito que éste se niega a firmar[168], y el valor "no" cuando no hay constancia de que se haya producido tal comunicación.

➲ **Ausencia de firma**: recoge los casos en los que, siéndole notificada la intervención, el interno se niega a firmar el acuerdo. Sólo puede tomar el valor "sí" para intervenciones en las que la variable "notificación al interno" también tome el valor "sí". En cualquier otro caso en que el interno no se niegue a firmar (conociendo el acuerdo, o simplemente porque no se le ha notificado), esta variable toma el valor "no".

➲ **Fecha del auto** del Juez Central de Vigilancia Penitenciaria en el que confirma o revoca la intervención.

➲ **Dación de cuentas** al JCVP, que puede ser "aceptada" o "revocada".

La explotación de la base de datos ha sido mediante el programa estadístico SPSS y las técnicas usadas, tanto para el primer como segundo estudio, han sido las propias de la estadística descriptiva (descriptivos numéricos, tablas y gráficos), así como técnicas de inferencia estadística, tales como contraste chi-cuadrado de independencia, contraste Kruskal-Wallis de comparación de poblaciones, etc.

---

168 Si se niega a firmar es porque se le ha requerido tal firma, lo que supone haber puesto en su conocimiento el acuerdo de intervención.

3.2. ANÁLISIS DE RESULTADOS

3.2.1. Género del recluso, tipo de delito y CCAA donde se encuentra recluido

Del total de 320 personas privadas de libertad a las que se les intervinieron las comunicaciones a lo largo de 2015, consta el género en el 81% de los casos. De ellas, el 90% son hombres y el 10% mujeres.

Respecto al tipo de delito por el que estas personas se encuentran recluidas, el 67% lo están por delitos de terrorismo, el 10% por tráfico de drogas y el 23% por otro tipo de delitos encausados por la AN. Véase la Tabla 2.

Tabla 2. Género y tipo de delito de los reclusos intervenidos

	No consta	Hombre	Mujer	Todos
Falsificación de moneda	1	5	0	6
Tráfico de drogas	3	24	3	30
Terrorismo	9	154	19	182
Otros	1	22	3	26
No consta	47	28	1	76
Total	**61**	**233**	**26**	**320**

En la Ilustración 4 se representa el tipo de delito según el género del recluso, donde se observa que el 73% de las mujeres frente al 66% de los hombres están intervenidos por delitos de terrorismo y el 12% de las mujeres frente al 10% de los hombres lo están intervenidos por tráfico de drogas. Para averiguar si estas diferencias son estadísticamente significativas, se llevó a cabo un contraste Chi-cuadrado de independencia, obteniendo un p-valor de 0,6380, por lo que se concluye que el género no es un factor influyente en el tipo de delitos encausados por la AN por el que el recluso se encuentra intervenido.

Ilustración 4. Tipo de delito encausado por la AN (por el que el recluso se encuentra intervenido) según género del recluso

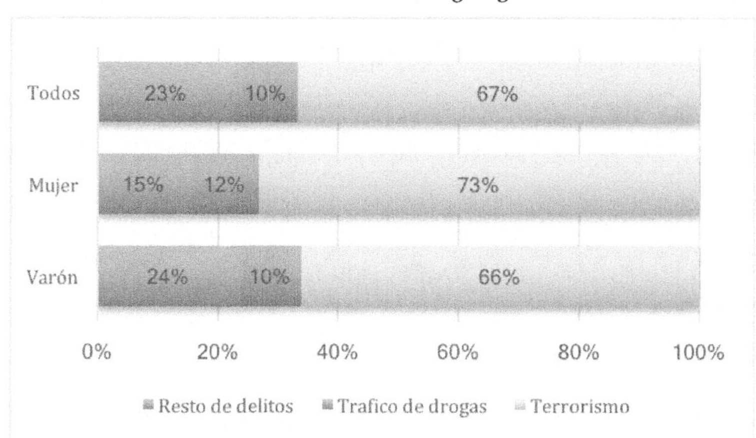

Entre aquellas personas a las que se interceptaron las comunicaciones, a casi todas ellas (el 99,6%) se les intervinieron las comunicaciones un máximo de dos veces a lo largo de 2015 y hasta tres veces en el 85% de los casos. La Ilustración 5 muestra estos porcentajes, que son ligeramente diferentes por tipo de delito.

Ilustración 5. Intervención de comunicaciones según tipo de delito

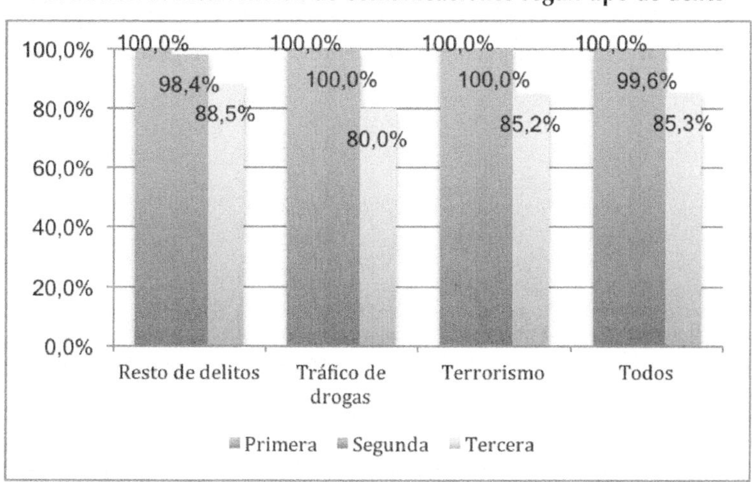

Por género, al 99,6% de los hombres y a todas las mujeres se les intervinieron las comunicaciones dos veces durante 2015. Además, al 85% de ellos y al 88,5% de ellas se les intervinieron hasta tres veces. Véase la Ilustración 6.

Ilustración 6.Intervención de las comunicaciones según género del recluso

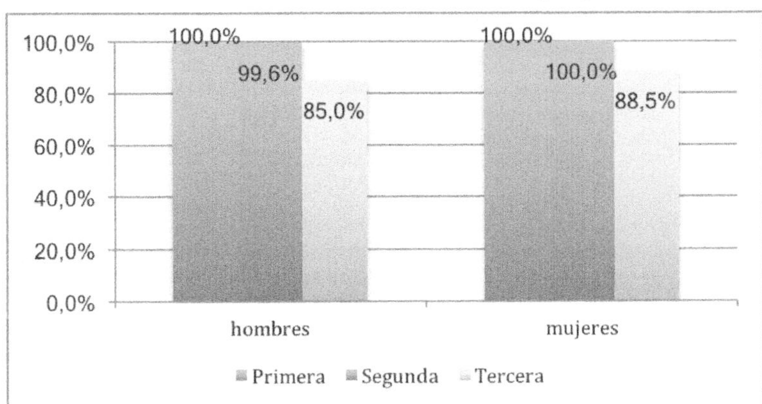

Por territorios, Andalucía, Madrid y Castilla León son las tres CCAA con mayor porcentaje de intervenciones (véase la Ilustración 7).

Ilustración 7. Intervención de comunicaciones en las CCAA

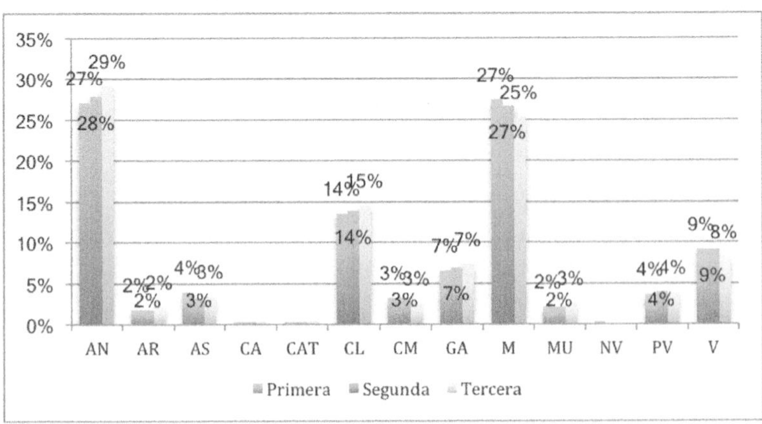

A partir de la población reclusa en 2015 puede calcularse la tasa de intervención por cada 1000 reclusos. En la Tabla 3 e Ilustración 8 se muestran esas tasas (calculadas sólo atendiendo a la primera intervención en 2015), donde se observa que, en media se intervino las comunicaciones a 4,52 de cada 1000 reclusos. Las mayores tasas de intervención se registraron en Madrid, con un valor de 8,67, seguidas de Asturias y Castilla León. Por el contrario, las tasas más bajas tuvieron lugar en Cataluña y Canarias.

Tabla 3. Tasa de intervención por cada 1000 reclusos, según CCAA

CCAA	Primera intervención	Total reclusos	Tasa de intervención por cada 1000 reclusos
AN	74	15.030	4,92
AR	5	2.063	2,42
AS	11	1.308	8,41
CA	1	3.438	0,29
CAT	1	9.164	0,11
CL	37	4.628	7,99
CM	9	1.911	4,71
GA	18	3.730	4,83
M	75	8.655	8,67
MU	6	1.736	3,46
NV	1	365	2,74
PV	10	1.384	7,23
V	25	6.985	3,58
Total	**273**	**60.397**	**4,52**

Ilustración 8. Tasas de intervención por cada 1000 reclusos, según CCAA

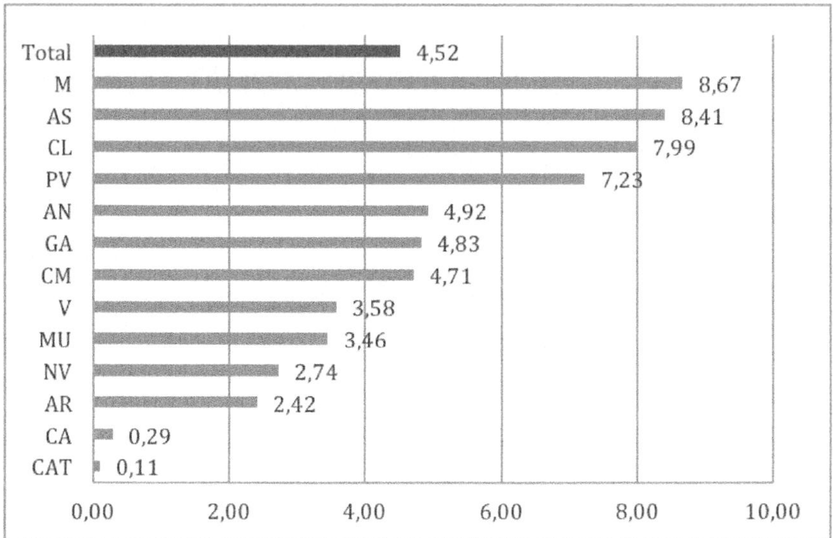

3.2.2. Motivación del acuerdo

En la Ilustración 9 se muestran los porcentajes de acuerdos motivados en cada una de las tres intervenciones y según el tipo de delito. En general, se observa que el porcentaje de motivaciones es alrededor del 70% frente a un 30% de no motivaciones. Este dato evidencia que, en la práctica, no siempre la medida de interceptación de las comunicaciones resulta motivada, pese a su exigencia legal. Las tablas de contingencia con las cifras absolutas se encuentran resumidas en la Tabla 4.

Ilustración 9. Motivación de los acuerdos según tipo de delito

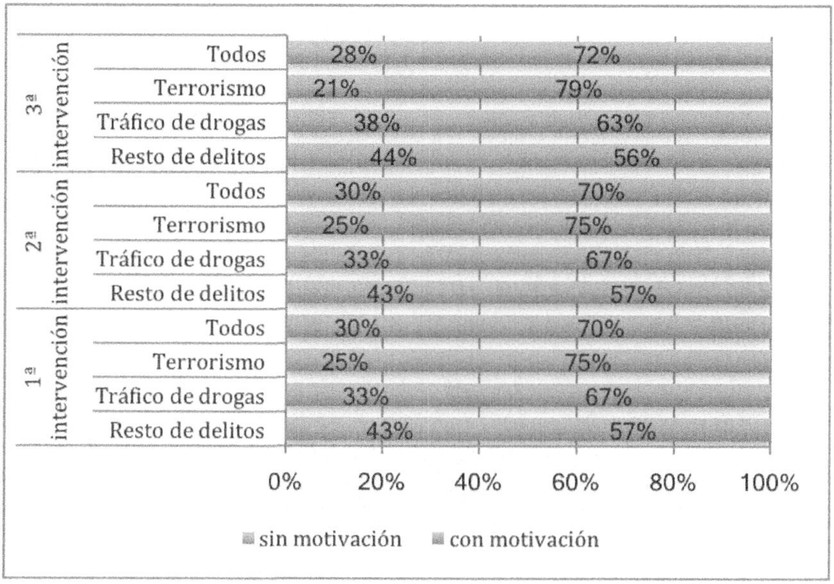

3ª intervención
Todos 28% 72%
Terrorismo 21% 79%
Tráfico de drogas 38% 63%
Resto de delitos 44% 56%
2ª intervención
Todos 30% 70%
Terrorismo 25% 75%
Tráfico de drogas 33% 67%
Resto de delitos 43% 57%
1ª intervención
Todos 30% 70%
Terrorismo 25% 75%
Tráfico de drogas 33% 67%
Resto de delitos 43% 57%
0% 20% 40% 60% 80% 100%
sin motivación con motivación

Estos porcentajes son sustancialmente distintos según el tipo de delito. En concreto, los porcentajes más bajos de motivaciones se dan para los delitos de terrorismo, siendo del 25% en la primera y segunda intervenciones y del 21% en la tercera intervención. Sin duda este dato permite evidenciar que, en ocasiones, la medida no se encuentra asociada tanto al recluso, como al tipo de delito, lo que asimismo permite dudar de su excepcionalidad para según que tipo de delito. Por el contrario, los porcentajes más elevados se dan en el resto de delitos, siendo del 43% en la primera y segunda intervenciones y del 44% en la tercera intervención.

Estas diferencias son estadísticamente significativas, indicando que el tipo de delito es un factor influyente en la motivación del acuerdo, con una influencia leve (alrededor del 20%). Para averiguar si el tipo de delito es un factor influyente en la motivación del acuerdo se realizaron contrastes Chi-cuadrado de independencia para cada una de las intervenciones. En todos los casos el contraste fue significativo (p-valores respectivos de 0,0030, 0,0215 y 0,0019). El grado de influencia es leve, dado el valor de la V de Cramer (20%, 17% y 23% respectivamente).

Tabla 4. Motivaciones según tipo de delito

Primera intervención			
	Sin motivación	**Con motivación**	**Total**
Resto de delitos	26	35	61
Tráfico de drogas	10	20	30
Terrorismo	38	144	182
Todos	74	199	273
Segunda intervención			
	Sin motivación	**Con motivación**	**Total**
Resto de delitos	26	34	60
Tráfico de drogas	10	20	30
Terrorismo	45	137	182
Todos	81	191	272
Tercera intervención			
	Sin motivación	**Con motivación**	**Total**
Resto de delitos	24	30	54
Tráfico de drogas	9	15	24
Terrorismo	32	123	155
Todos	65	168	233

La Ilustración 10 indica que las motivaciones son meramente formularias en aproximadamente el 70% de los casos. Es decir, la mayoría de las motivaciones eran explicaciones que no contenían las circunstancias concretas del caso, sino que se limitaron a exponer los requerimientos legales de la medida en abstracto.

Ilustración 10. Motivaciones formularias según tipo de delito

Intervención	Tipo de delito	buena motivación	mera justificación legal
3ª intervención	Todos	30%	70%
	Terrorismo	28%	72%
	Tráfico de drogas	33%	67%
	Resto de delitos	36%	64%
2ª intervención	Todos	29%	71%
	Terrorismo	28%	72%
	Tráfico de drogas	26%	74%
	Resto de delitos	33%	67%
1ª intervención	Todos	29%	71%
	Terrorismo	27%	73%
	Tráfico de drogas	30%	70%
	Resto de delitos	39%	61%

0% 20% 40% 60% 80% 100%

buena motivación / mera justificación legal

En la Ilustración 10 pueden apreciarse ligeras diferencias en los porcentajes de motivaciones formularias según el tipo de delito. En concreto, se observa que los porcentajes más elevados de casos peor motivados corresponden al delito de terrorismo y los más bajos corresponden al resto de delitos. Para averiguar si el tipo de delito es un factor influyente en la motivación formularia se realizaron contrastes Chi-cuadrado de independencia para cada una de las intervenciones. En todos los casos el contraste resultó ser no significativo (p-valores respectivos de 0,2647, 0,7100 y 0,5579), por lo que se concluye que el tipo de delito no influye en la motivación formularia.

Pese a ello, no podemos sino destacar que el recurso a la motivación formularia es aún más acuciante en los casos de delitos de terrorismo en los que, en las tres intervenciones los datos oscilan o superan el 75% de los casos. Quizá el dato pueda resultar menos alarmante y ser explicado en relación con la individualización de la medida de interceptación de los presos de ETA realizada por el Tribunal Constitucional, que hacía recaer sobre este tipo de internos un riesgo objetivo por la posibilidad de atentar contra la seguridad de éste o de sus funcionarios[169]. El Tribunal Constitucional ha relajado de este modo el requisito de la motivación a la vista de la pertenencia a la banda terrorista ETA pues —precisamente para estos casos—, la pertenencia a ETA ha sido considerada como una causa suficiente para la interceptación de las comunicaciones relajando de este modo el requerimiento de motivación[170].

3.3.3. Dación de cuentas

La dación de cuentas es aceptada en el 100% de los casos en todas las intervenciones, ya sean acuerdos inmotivados o aquellos que presentan una motivación meramente formularia. Esta circunstancia parece indicar que no existe un verdadero control por parte de la autoridad judicial respecto de la legalidad de la medida o respecto del control efectivo del juicio de idoneidad, necesidad y proporcionalidad. El Tribunal Constitucional ha establecido que la dación de cuentas debe implicar un verdadero control jurisdiccional de la medida pese a efectuarse a *posteriori*[171]. La dación de cuentas no puede concebirse exclusivamente como una mera comunicación del acuerdo del órgano administrativo al judicial para que tome conocimiento

---

169 Se trata de motivaciones formularias que, sin embargo, han sido consideradas como válidas por el Tribunal Constitucional (cfr., entre otras, las SSTC 141/1999, 192/2002, 193/2002 y 194/200). Quizá ello permita explicar que los acuerdos de intervención de las comunicaciones a presos etarras constan de razones ciertamente abstractas que se repiten de forma sistemática. La motivación se materializa en fórmulas estereotipadas que suelen hacer referencia al delito de terrorismo por el que el interno se encuentra en prisión, a la pertenencia a la organización criminal, a la peligrosidad del interno o a la falta de muestras de arrepentimiento. La generalidad, abstracción e inconcreción de los motivos expuestos unida a la casi absoluta identidad de motivaciones entre los distintos acuerdos de intervención a presos de este colectivo nos permite corroborar con datos la relajación en las exigencias de motivación para este tipo de internos.

170 Sobre esta interpretación puede verse con más detalle el apartado c.*2) En relación con las circunstancias del caso y el interno* de este trabajo.

171 Vid por todas la STC núm. 175/1997.

de éste, que es o que parece traslucirse de ese elevado número de ratificaciones.

Por ello, en atención a los datos anteriormente expuestos y relativos a la motivación, hubiese sido de esperar que un alto porcentaje de los acuerdos motivados de una manera insuficiente o formularia, fuesen revocados por el Juez Central de Vigilancia Penitenciaria. Pues, debemos recordar en este momento que sólo una motivación capaz de demostrar la idoneidad, la necesidad y la proporcionalidad de la intervención puede operar como presupuesto legitimador de la misma. Por ello, resulta sorprendente que tanto el 100% de los acuerdos inmotivados, como en el total de aquéllos que presentaron una motivación meramente formularia, fuesen seguidos de un auto confirmatorio de la medida por parte del Juez Central de Vigilancia Penitenciaria. Se evidencia así que la actuación del JCVP no se traduce en un verdadero control respecto de los requisitos legal y jurisprudencialmente exigidos.

Tabla 5. Acuerdos motivados

	Tipo de Motivación		
	Buena motivación	Mera justificación legal	Total
Primera	32	162	194
Segunda	32	153	185
Tercera	28	135	163
Todas	92	450	542

3.3.4. Tiempo transcurrido entre el acuerdo y el auto del JCVP

El tiempo medio transcurrido entre el acuerdo y el auto del Juzgado Central de Vigilancia Penitenciaria es de 87 días para la primera intervención y de 86 para la segunda y tercera intervenciones. Los valores de la mediana y del percentil 75 indican que para un 50% de los reclusos el tiempo transcurrido no fue inferior a 85 días (2,8 meses), para un 25% el tiempo transcurrido fue de 85 a 129-130 días y para otro 25% el tiempo fue superior a los 129-130 días (4,3 meses).

Ilustración 11. Tiempo transcurrido entre el acuerdo y el auto del JCVP

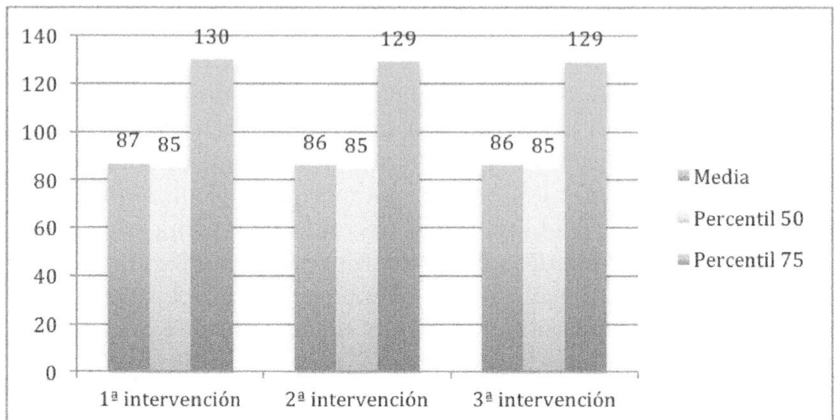

En la Ilustración 12 se muestran la media y mediana del tiempo transcurrido entre el acuerdo y el auto del Juzgado Central de Vigilancia Penitenciaria según tipo de delito. Se observa que los mayores tiempos corresponden con el delito de tráfico de drogas. Para averiguar la influencia del tipo de delito en el tiempo transcurrido se realizó un contraste de Kruskal-Wallis de comparación de distribuciones para cada una de las intervenciones. En todos los casos el contraste resultó ser no significativo (p-valores respectivos de 0,1733, 0,1883 y 0,1919), concluyendo que el tipo de delito no influye en el tiempo transcurrido.

Ilustración 12. Tiempo transcurrido entre el acuerdo y el auto del JCVP según tipo de delito

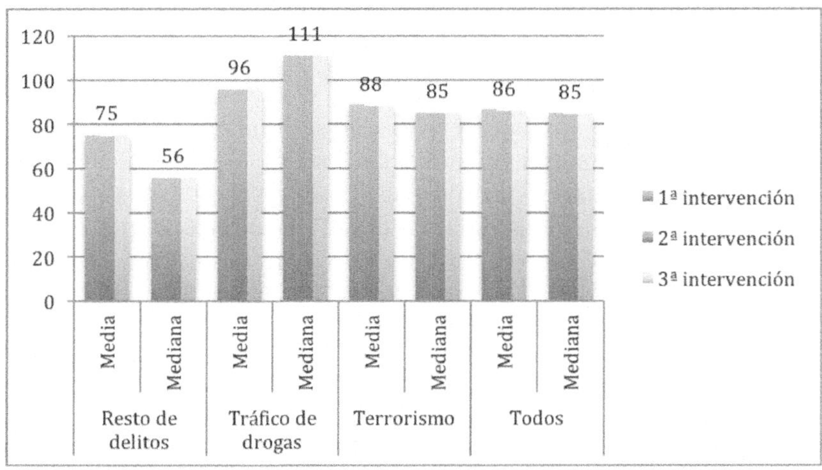

Los resultados evidencian que la dilación en la supervisión de la medida es un fenómeno generalizado pero muy preocupante. Ochenta y siete días de media (casi tres meses) es un tiempo excesivo para que, una medida adoptada por la autoridad administrativa permanezca exenta de control judicial. Si la intervención se acuerda por un tiempo superior a ese periodo, lo que es frecuente, el interno podría ver limitado su derecho fundamental durante 87 días de media en virtud de una medida que, finalmente, puede resultar no ser legítima. En el supuesto de que el juez, tras la dación de cuentas, considerase que debe proceder a la revocación, la afectación del derecho del interno al secreto de las comunicaciones se habría prolongado en el tiempo casi durante tres meses.

No podemos profundizar sobre la causa a la que obedece esta tardanza, pues desconocemos la fecha en que se notifica el acuerdo al juez. De manera que desconocemos si se trata de una demora en la comunicación del acuerdo al juez o si se produce al dictar el auto. En cualquiera de los casos, lo cierto es que el director del centro debiera comunicar la adopción de la medida al juez de vigilancia penitenciaria a la mayor brevedad posible. Éste a su vez debe proceder a la dación de cuentas con la rapidez que precisa la correcta salvaguarda de un derecho fundamental, como es el secreto de las comunicaciones de los internos.

3.3.5. Notificación al interno y ausencia de firma

En la mayoría de los casos en los que se intervinieron las comunicaciones a las personas recluidas se notificó el acuerdo al interno afectado. En concreto, esto fue así en el 84% de los casos en la primera intervención registrada, en el 86% de los casos que fueron intervenidos dos veces y en el 84% de los que fueron intervenidos hasta tres veces a lo largo de 2015. En la Ilustración 13 se muestran los porcentajes de notificaciones según el tipo de delito, siendo en la primera de las intervenciones donde se observan más disparidades.

Para averiguar si el tipo de delito influye en la notificación de la medida al afectado se realizaron contrastes Chi-cuadrado de independencia para cada una de las intervenciones. Los p-valores obtenidos (0,0639, 0,3194 y 0,3261, respectivamente) indican que el tipo de delito sería un factor influyente en la notificación sólo en la primera de las intervenciones, para un nivel de significación del 10%.

Ilustración 13. Notificación de la medida al interno según tipo de delito

Intervención	Tipo de delito	no consta notificación	sí consta notificación
3ª intervención	Todos	16%	84%
	Terrorismo	13%	87%
	Tráfico de drogas	21%	79%
	Resto de delitos	21%	79%
2ª intervención	Todos	14%	86%
	Terrorismo	12%	88%
	Tráfico de drogas	17%	83%
	Resto de delitos	20%	80%
1ª intervención	Todos	16%	84%
	Terrorismo	13%	87%
	Tráfico de drogas	28%	72%
	Resto de delitos	22%	78%

0% 20% 40% 60% 80% 100%

La Ilustración 14 contiene el porcentaje de casos en los que el interno se negó a firmar el acuerdo de intervención que se le notificó. Esto ocurrió en el 46% de las primeras intervenciones, el 47% de las segundas y el 46% de las terceras. Por tipo de delito, se observa que los porcentajes más bajos de ausencia de firma se dan para el delito de tráfico de drogas y los porcentajes más altos se dan para el delito de terrorismo, siendo las diferencias más pronunciadas para la primera y tercera intervenciones.

Por último, nos interesan los casos en los que el interno se niega a firmar el acuerdo de intervención que se le notifica. Máxime cuando la firma no constituye más que la prueba de la notificación y, en ningún caso, es prueba de la aceptación o conformidad con la medida.

Para averiguar si el tipo de delito es un factor influyente en la negativa del interno para firmar el acuerdo se realizaron contrastes Chi-cuadrado de independencia para cada una de las intervenciones. Los contrastes resultaron ser significativos para las intervenciones primera y tercera (p-valores respectivos de 0,0485, 0,2224 y 0,0209), concluyendo que el tipo de delito sí parece influir en la ausencia de firma, por lo menos en dos de las tres intervenciones.

Ilustración 14. Negativa del interno para firmar el acuerdo de intervención según tipo de delito

		el interno firma	el interno se niega a firmar
3ª intervención	Todos	54%	46%
	Terrorismo	50%	50%
	Tráfico de drogas	84%	16%
	Resto de delitos	52%	48%
2ª intervención	Todos	53%	47%
	Terrorismo	50%	50%
	Tráfico de drogas	68%	32%
	Resto de delitos	56%	44%
1ª intervención	Todos	54%	46%
	Terrorismo	51%	49%
	Tráfico de drogas	78%	22%
	Resto de delitos	53%	47%

0% 20% 40% 60% 80% 100%

También nos interesaba estudiar la posible relación entre la negativa a firmar y la motivación formularia. En la Ilustración 15 se muestran los porcentajes de ausencia de firma en función de la motivación para cada una de las tres intervenciones. Se observa que el porcentaje de internos que se niegan a firmar va del 46% al 48% cuando la motivación es una mera justificación legal y del 40% al 47% en caso contrario.

Para averiguar si la motivación es un factor influyente en la negativa del interno para firmar el acuerdo se realizaron contrastes Chi-cuadrado de independencia para cada una de las intervenciones, resultando no significativos (p-valores respectivos de 0,257, 0,869 y 0,886), por lo que la motivación no parece influir en la negativa a firmar.

Ilustración 15. Negativa del interno para firmar el acuerdo según motivación formularia

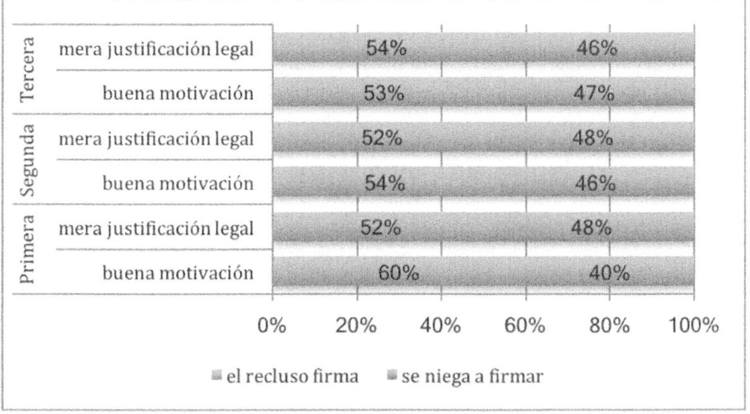

4. *Algunas consideraciones finales*

En atención a todo lo expuesto y al análisis de los datos efectuado no podemos sino concluir que —entretanto no se produzca una reforma legislativa— puede concluirse que la protección que del derecho fundamental al secreto de las comunicaciones de los internos se puede esperar es la que deriva de la intervención judicial desde una doble perspectiva. De un lado, porque la protección en cada supuesto concreto dependerá de que el Juez de Vigilancia Penitenciaria cumpla adecuadamente su función de garantía y control cada vez que se plantea la adopción de la medida o su prórroga, velando por la salvaguarda del derecho del interno. En este sentido, y en atención a los hallazgos del estudio de campo, no podemos sino mostrar cierta preocupación por el automatismo que la medida recibe con carácter general en su tratamiento.

De otro lado, y desde un enfoque más genérico, en defecto del cumplimiento del art. 53.1 de la CE, en lo relativo a la calidad de las normas que regula el ejercicio de derechos fundamentales, es la actividad judicial —la jurisprudencia—, la que viene a integrar en esta materia el propio sistema de garantías del derecho fundamental.

El hecho de que los requisitos y las garantías relativas al fondo, a la forma y al procedimiento en que puede llevarse a cabo la restricción del derecho al secreto de las comunicaciones de una persona interna no vengan predeterminadas por la ley y que para su conocimiento deba procederse a una detenida lectura de un número importante de sentencias del Tribunal Supremo y del Tribunal Constitucional, no parece ajustarse a las exigencias de nuestro ordenamiento jurídico.

En este sentido, no podemos sino coincidir plenamente con el mencionado voto particular emitido por el Cruz Villalón, en a la STC núm. 49/1999, que si bien podría no resultar políticamente muy correcto, pero desde luego era constitucionalmente muy valiente. En el que podía leerse que: "[...] no comparto la idea de una especie de vulneración calificada de 'autónoma e independiente de cualquier otra' del derecho fundamental determinada por las carencias en la calidad de la ley que, sin embargo, pueden ser, por así decir, posteriormente 'neutralizadas' por medio de una actuación judicial particularmente respetuosa del derecho fundamental en cuestión" (FJ 5°). Desde luego, no es ese el modo de operar del T.E.D.H. en los casos *Huvig, Kruslin y Valenzuela,* donde la sola constatación de estas carencias lleva a apreciar una transgresión del art. 8 C.E.D.H. Por lo que hace a nuestro ordenamiento constitucional, no creo que podamos decir que se ha vulnerado el derecho fundamental por la deficiencia de la ley y, sin embargo, afirmar que la lesión puede ser contrarrestada por el juez, pues las carencias de previsibilidad no son susceptibles de una subsanación ex post facto".

Luego, esta situación —vista con cierta objetividad—, puede que constituye una gravísima anomalía de los principios esenciales que rigen el Estado de Derecho, pues el art. 9.2 de la CE garantiza los principios de legalidad, jerarquía normativa, publicidad de las normas y, como colofón de todos ellos, la seguridad jurídica. Por ello, no podemos sino esperar que, el legislador, atienda los derechos de los internos, como lo que son, ciudadanos en un Estado de Derecho.

Bibliografía

ALEMANY GARCÍA, J. *La motivación del acto administrativo como garantía básica de la justicia administrativa,* Base de Datos Tirant on line, TOL5.737.301, 2016, págs. 1-17.

ALONSO PÉREZ, F. "Intervención de las comunicaciones en el ámbito penitenciario", *La Ley: Revista jurídica española de doctrina, jurisprudencia y bibliografía,* núm. 4, 2001, págs. 1486-1490.

ÁLVAREZ GARCÍA, F.J, *Consideraciones sobre los fines de la pena en el ordenamiento constitucional español,* Granada, 2001, 210 págs.

ÁLVAREZ SÁNCHEZ DE MOVELLÁN, P., "Las nuevas medidas de investigación tecnológica y la enésima invocación al principio de proporcionalidad", *Justicia: Revista de Derecho Procesal,* núm. 1, 2018, págs. 85-136.

ALZAGA VILLAAMIL, O. *Comentario sistemático a la Constitución española de 1978,* Madrid, 2ª Ed., 2017, 758 págs.

APARICIO WILHELMI, M. "Los derechos del ámbito individual (II)", *Manual de Derecho Constitucional,* coord. por Aparicio Pérez, M.A. y Barceló i Serramalera, M., Barcelona, 2009, págs. 699-718.

ARRIBAS LÓPEZ, E., "Algo más sobre la intervención de comunicaciones de los internos con sus abogados: la voluntad del legislador", *Diario La Ley,* núm. 7436, 2010, págs. 1–14.

ASENCIO MELLADO, J. Mª., *La intervención de las comunicaciones y la prueba ilícita,* https://www.unifr.ch/ddp1/derechopenal/articulos/a_20110507_02.pdf, págs. 1-46.

ASTROZA SUÁREZ, P. y RUDNICK VIZCARRA, C., "Protección internacional de los derechos de los reclusos", en *Teoría y práctica de los derechos fundamentales de las prisiones,* coord. Cesano y Reviriego, Montevideo-Buenos Aires, 2010, págs. 3-48.

BELDA PÉREZ-PEDRERO, E., "El derecho al secreto de las comunicaciones", *Parlamento y Constitución. Anuario,* núm. 2, 1998, págs. 169-194.

CASANOVA MARTÍ, R. "La garantía constitucional del secreto de las comunicaciones en el proceso penal", en *Principios y garantías procesales. Liber Amicorum en homenaje a la profesora Mª Victoria Berzosa Francos,* (Dir. Joan Picó i Junoy), Barcelona, 2013, págs. 543-556.

CASTRO ANTONIO, J.L., "Comentario a los arts. 47 a 58 de la LOGP" en *Ley general penitenciaria: comentarios, jurisprudencia, doctrina, concordancias,* coord. Bueno Arús, F., Madrid, 2010, págs. 464- 521.

CERVELLÓ DONDERIS, V., *Derecho Penitenciario*, Valencia, 2016, 420 págs.

COBO DEL ROSAL, M., Y BOIX REIG, J. "Derechos fundamentales del condenado. Reeducación y Reinserción social", en *Comentarios a la legislación penal*, T. I, Madrid, 1982, págs. 217- 253.

COBO DEL ROSAL, M. y QUINTANAR DÍEZ, M., "Artículo 25. Garantía penal", en *Comentarios a la Constitución Española de 1978*, dirigido por Alzaga Villaamil, O., Madrid: Cortes Generales, Editoriales de Derecho Reunidas, 1996, 1ª Ed., págs. 124-144.

COLOMER HERNÁNDEZ, I., *La motivación de las sentencias: sus exigencias legales y constitucionales*, Valencia, 2003, 454 págs.

CRESPO BARQUERO, P. "Intervenciones judiciales en materia de comunicaciones telefónicas e internet", *Cuadernos Penales José María Lidón*, 2010, núm. 7, págs. 55-104.

DEL MORAL GARCÍA, A., "La intervención de las comunicaciones en los centros penitenciarios", *Diario La Ley*, núm. 7573, 2011, págs. 1-13.

DESDENTADO DAROCA, E., "La motivación de los actos administrativos y su control. Reflexiones críticas sobre las últimas orientaciones", *Revista Vasca de Administración Pública*, núm. 84, 2009, págs. 85-134.

DE URBANO CASTILLO Y MIGUEL, E. *El Derecho al Secreto de las Comunicaciones*, Madrid, 2011, 388 págs.

DÍAZ REVORIO, F.J., "El derecho fundamental al secreto de las comunicaciones", *Derecho PUCP: Revista de la Facultad de Derecho*, núm. 59, 2006, págs. 159-175.

ELVIRA PERALES, A., *Derecho al secreto de las comunicaciones*, Madrid, 2007, 340 págs.

ESCRIVÁ GREGORI, J.M., "Algunas consideraciones sobre Derecho penal y Constitución", *Papers: Revista de sociología*, núm. 13, 1980, págs. 141-163.

ESPÍN TEMPLADO, E., "Los derechos de la esfera personal", en Derecho Constitucional. Volumen I: El ordenamiento constitucional. Derechos y deberes de los ciudadanos, Valencia, 2013, págs. 193-231.

FERNÁNDEZ ARÉVALO, L., y NISTAL BURÓN, J., Derecho penitenciario, Madrid, 2016, 1015 págs.

— *Manual de Derecho penitenciario*, Aranzadi Thomson Reuters, 2011, BIB 2011\963.

GARCÍA -PABLOS, DE MOLINA, A., "Funciones y fines de las instituciones penitenciarias", en *Comentarios a la Legislación Penal*, t. VI, vol. 1, LOPGP; Madrid, 1986, págs. 25-78.

GARCÍA MACHO, R., Las relaciones de especial sujeción en la constitución española, Madrid, 1992. 365 págs.

HUERGO LORA, A.J., "La motivación de los actos administrativos y la aportación de nuevos motivos en el proceso contencioso-administrativo", *Revista de Administración Pública,* núm. 145, 1998, págs. 89-116.

JIMÉNEZ-BLANCO, G., "Artículo 24", en *Comentario a la Constitución. La jurisprudencia del Tribunal Constitucional,* Madrid, 1993, págs. 236-319.

JIMÉNEZ CAMPO, J., "La garantía constitucional del secreto de las comunicaciones", *Revista española de derecho constitucional,* año núm. 7, núm. 20, 1987, págs. 35-82.

LAMARCA PÉREZ, C., "Régimen penitenciario y Derechos fundamentales", *Estudios penales y criminológicos,* núm. 16, 1992-1993, págs. 207-248.

— "Los derechos de los presos", en *Derechos de las minorías y de los grupos diferenciados,* Madrid, 1994, págs. 75-101.

LLERA SUÁREZ-BÁRCENA, E., "El régimen jurídico ordinario de las observaciones telefónicas en el proceso penal", *Poder Judicial,* núm. 3, 1986, págs. 9-24.

LÓPEZ-BARAJAS PEREA, I., "El secreto de las comunicaciones con el abogado defensor en la nueva sociedad de la información", en *Los retos del Poder Judicial ante la sociedad globalizada: Actas del IV Congreso Gallego de Derecho Procesal (I Internacional),* A Coruña, 2012, págs. 517- 530.

LÓPEZ BENÍTEZ, M., *Naturaleza y presupuestos constitucionales de las relaciones especiales de sujeción,* Madrid, 1994, 646 págs.

LÓPEZ YAGÜES, V., *La inviolabilidad de las comunicaciones con el abogado defensor,* Madrid, 2002, 518 págs.

— *La inviolabilidad de las comunicaciones con el abogado defensor como garantía del derecho de defensa,* Tesis doctoral, Universitat d'Alacant, 2001, http://rua.ua.es/dspace/handle/10045/4162, 842 págs.

MAPELLI CAFFARENA, B., "El sistema penitenciario, los derechos humanos y la jurisprudencia constitucional", en *Tratamiento penitenciario y derechos fundamentales,* Barcelona, 1994, págs. 17-35.

— "Presupuestos de una política penitenciaria progresista", en *Privaciones de libertad y derechos humanos,* Barcelona, 1986, págs. 191-211.

— *Principios fundamentales del sistema penitenciario español,* Barcelona 1983, 343 págs.

MARTÍNEZ ESCAMILLA, M., La suspensión e intervención de las comunicaciones del preso, Madrid, 2000, 210 págs.

— "Derechos fundamentales entre rejas: Algunas reflexiones acerca de los derechos fundamentales en el ámbito penitenciario, al tiempo que un comentario de la jurisprudencia constitucional al respecto", *Anuario de Derecho Penal y Ciencias Penales,* Tomo 51, Fasc/Mes 1-3, 1998, págs. 245-272.

MARTÍNEZ RUIZ., J., "Reflexiones de urgencia motivadas por la desconcertante aplicación procesal de la intervención de las comunicaciones orales directas en el ámbito penitenciario, con especial atención a las comunicaciones abogado-cliente", *Diario La Ley,* núm. 7376, 2010, págs. 1-16.

MORENO CATENA, V., "Medidas limitativas del derecho al secreto de las comunicaciones personales", en *El proceso penal. Doctrina, jurisprudencia y formularios* (Moreno Catena, Dir.), vol. II, Instrucción y medidas cautelares, Valencia, 2000, 4.000 págs.

MUÑAGORRI LAGUÍA, I., "La vigencia del principio de legalidad en el ámbito penitenciario", en *Legalidad constitucional y relaciones penitenciarias de especial sujeción,* Barcelona, 2000, págs. 9- 34.

NISTAL MARTÍNEZ, J., "La libertad de las comunicaciones con el abogado defensor como garantía del derecho a la defensa", *Diario La Ley,* núm. 7383, 2010, págs. 1-12.

NOYA FERREIRO, L., *Derecho de defensa e intervención de las comunicaciones de los abogados,* Valencia, 2018, 186 págs.

— "La intervención de las comunicaciones de los procesos y la Ley General Penitenciaria", *Revista de Derecho y Proceso penal,* núm. 3, 2000, págs. 183-210.

— "Presupuestos constitucionales de las medidas de intervención de las comunicaciones (II)", *Revista Dereito,* vol. 9, núm. 1, 2000, págs. 101-120.

— "Presupuestos constitucionales de las medidas de intervención de las comunicaciones (I)", *Revista Dereito,* vol. 8, núm. 2, 1999, págs. 145-166.

OLMEDO, M., "Límites al derecho de defensa: intervención de las comunicaciones entre abogado y cliente", en *El Derecho.com* (Tribuna, 27-12-2011), https://elderecho.com/limites-al-derecho-de-defensa-intervencion-de-las-comunicaciones-entre-abogado-y-cliente

RACIONERO CARMONA, F., *Derecho penitenciario y privación de libertad. Una perspectiva judicial,* Madrid, 1999, 404 págs.

REVIRIEGO PICÓN, F., "España: Centros penitenciarios y derechos fundamentales", en Teoría y práctica de los derechos fundamentales de las prisiones, coordinado por Cesano, J.D. y Reviriego Picón, F., Montevideo- Buenos Aires, 2010, págs. 201-241.

— *Los derechos de los reclusos en la jurisprudencia constitucional,* Madrid, 2008, 173 págs.

— "Relaciones de sujeción especial y derechos fundamentales. Algunos apuntes sobre el derecho a la intimidad en los centros penitenciarios", en *Derecho Constitucional para el siglo XXI: actas del VIII Congreso Iberoamericano de Derecho Constitucional,* Madrid, 2006, págs. 1595-1612.

— "El secreto de las comunicaciones en los Centros penitenciarios: comunicaciones escritas «entre» reclusos", *Boletín de la Facultad de Derecho de la UNED,* núm. 26, 2005, págs. 573-588.

RÍOS MARTÍN, J.C, ETXEBARRÍA, X. y PASCUAL RODRÍGUEZ, E., Manual de ejecución penitenciaria: defenderse de la cárcel, Madrid: Universidad Pontificia de Comillas, 2016. 1191 págs.

RIVERA BEIRAS, I., "La doctrina de las relaciones de sujeción especial en el ámbito penitenciario (la zona del "no derecho")", en Legalidad constitucional y relaciones penitenciarias de especial sujeción, Barcelona, 2000, pp. 65-118.

— "La «devaluación» de los derechos fundamentales de los reclusos", en Tratamiento penitenciario y derechos fundamentales, Barcelona, 1994, págs. 47-76.

RIVES SEVA, A.P., La intervención de las comunicaciones en la jurisprudencia penal, Navarra: Aranzadi, 2000, 323 págs.

RODRÍGUEZ ALONSO, A. y RODRÍGUEZ AVILÉS, J.A., *Lecciones de Derecho Penitenciario,* Granada, 2011. 321 págs.

RODRÍGUEZ SÁEZ, J.A., "Derechos fundamentales en la cárcel: referencia al derecho de defensa", en Tratamiento penitenciario y derechos fundamentales, Barcelona, 1994, págs. 169-174.

TAMARIT SUMALLA, J.M., GARCÍA ALBERO, R., RODRÍGUEZ PUERTA, M.J. y SAPENA GRAU, F., *Curso de derecho penitenciario,* Valencia, 2005, 365 págs.